www.ingramcontent.com/pod-product-compliance
Lightning Source LLC
LaVergne TN
LVHW010343070526
838199LV00065B/5779
9789358725827

ہندوستان:

تہذیب و ثقافت

(حصہ دوم)

(تعمیر نیوز ویب پورٹل کے منتخب مضامین)

مرتبہ:

مکرم نیاز

© Taemeer Publications LLC
Hindustan - Tahziib o Saqaafat - *Part-2*
by: Mukarram Niyaz
Edition: December '2024
Publisher :
Taemeer Publications LLC (Michigan, USA / Hyderabad, India)

ISBN 978-93-5872-582-7

مرتب یا ناشر کی پیشگی اجازت کے بغیر اس کتاب کا کوئی بھی حصہ کسی بھی شکل میں بشمول ویب سائٹ پر اَپ لوڈنگ کے لیے استعمال نہ کیا جائے۔ نیز اس کتاب پر کسی بھی قسم کے تنازع کو نمٹانے کا اختیار صرف حیدرآباد (تلنگانہ) کی عدلیہ کو ہو گا۔

© تعمیر پبلی کیشنز

کتاب	:	**ہندوستان: تہذیب و ثقافت** (حصہ دوم)
مرتب	:	**مکرم نیاز**
بہ تعاون	:	تعمیر نیوز ویب پورٹل
صنف	:	تحقیق
ناشر	:	تعمیر پبلی کیشنز (حیدرآباد، انڈیا)
سالِ اشاعت	:	۲۰۲۴ء
صفحات	:	۱۳۴
سرورق ڈیزائن	:	تعمیر ویب ڈیزائن

فہرست

(۱) آریاؤں کا وطن اور ہندوستان میں ان کا داخلہ 8

(۲) پرتھوی راج چوہان کی داستانِ حسن و عشق 14

(۳) تحریک آزادئ ہند میں خواتین کا کردار 19

(۴) رضیہ سلطان - ایک ممتاز خاتون حکمراں 26

(۵) بیگم حضرت محل: جنگِ آزادی میں انگریزوں سے لوہا لینے والی مجاہد 38

(۶) میسور: خوابوں اور خواب زاروں کا شہر 49

(۷) دارالمصنفین اعظم گڑھ 57

(۸) مسلم بورڈنگ ہاؤس الہ آباد: مولوی سمیع اللہ خان کا عملی نمونہ 67

(۹) کامریڈ: محمد علی جوہر کا ہفت روزہ اخبار 75

(۱۰) ایسے تھے ابا حضور سی کے نائیڈو: بیٹی چندرا نائیڈو کی زبانی 82

(۱۱) پنڈت دیناناتھ مدن معجز دہلوی: مترجم گیتا کی ادبی خدمات 92

(۱۲) پنڈت برج موہن دتاتریہ کیفی: اردو کی ایک بے بدل شخصیت 117

(۱۳) ہندوستان کا گیان پیٹھ ایوارڈ اور اردو ایوارڈ یافتگان 126

یہ ہے میرا ہندوستان، میرے سپنوں کا جہان

مکرم نیاز

آج کا قاری اطلاعاتی و مواصلاتی ٹیکنالوجی کے ایسے عہدِ زریں میں جی رہا ہے جہاں انگلی کی چھوٹی سی حرکت پر انٹرنیٹ کے کسی سرچ انجن کے سہارے مطلوبہ مواد اپنے مطالعے یا اضافۂ معلومات کی خاطر حاصل کیا جاسکتا ہے۔ مگر ظاہر ہے کہ سائبر دنیا کو علمی و ادبی ذخیرے کا منبع بنانے کے لیے ہر زندہ زبان کے محبان کو اپنی ذمہ داری نبھانی ضروری ہے۔ لہذا راقم الحروف نے ۱۵/ دسمبر ۲۰۱۲ کو 'تعمیر نیوز' کا آغاز بطور نیوز پورٹل کیا تھا جسے جنوری ۲۰۱۸ء سے ایک علمی، ادبی، سماجی اور ثقافتی پورٹل میں تبدیل کیا گیا۔ تبدیلی کی بنیادی فکر یہی رہی کہ اردوداں قارئین کے ذوقِ مطالعہ میں اضافہ کی خاطر انہیں صرف خبروں تک محدود رکھنے کے بجائے اردو زبان و ادب کے اس علمی ذخیرے سے مستفید کیا جائے جس کی سائبر دنیا میں آج بھی کمی محسوس کی جاتی ہے۔ بارہ (۱۲) سالہ طویل سفر کے دوران 'تعمیر نیوز' نے علمی و ادبی مواد کے انتخاب، معیار کی برقراری اور نوجوان قلمکاروں کی تحریروں کی تدوین، اشاعت اور ان کی حوصلہ افزائی کے لیے اپنا فریضہ نبھانے میں کوئی کوتاہی نہیں برتی ہے۔

انٹرنیٹ اور ویب سائٹس کی افادیت کے باوجود اس بات کا انکار نہیں کیا جاسکتا کہ کاغذی کتاب اور کتب خانے کی اہمیت ہر دور میں رہی ہے اور رہے گی بھی۔ یہی سبب ہے کہ ادارہ تعمیر نیوز کی جانب سے آن لائن پورٹل پر شائع شدہ منتخب تحریروں کو کتابی شکل میں طبع کرنے اور قومی و بین الاقوامی کتب خانوں میں ان کتب کو شامل کروانے کا منصوبہ بنایا گیا ہے تاکہ عہدِ قدیم و حاضر

کے قلمکاروں، رجحانات و موضوعات کو کاغذی صورت میں بھی محفوظ کیا جاسکے۔ اسی سلسلے میں مفید و معلوماتی کتابوں کی اشاعت عمل میں لائی جارہی ہے۔

جیسے جیسے انسان تیزی سے مستقبل کی جانب بھاگ رہا ہے وہ ماضی کو بھی چھوڑتا چلا جارہا ہے۔ نئی تاریخیں رقم ہو رہی ہیں اور تہذیب و ثقافت کا اس قدامت سے رشتہ منقطع ہو رہا ہے کہ جس سے کسی بھی ملک و قوم کے ابتدائی سفر کا پتہ ملتا ہے۔ ایسے میں کتاب ہی انسان کی ایسی دوست ثابت ہوتی ہے جو اپنے قاری کو ماضی میں لے جاکر اسے اپنے ملک و قوم کی تہذیب، تاریخ و ثقافت سے روشناس کراتی ہے۔ تہذیب، تمدن اور ثقافت کا تعلق انفرادی نہیں بلکہ اجتماعی ہے اور ہندوستان چونکہ ابتدا سے ہی مشترک تہذیب و تمدن کا سماج رہا ہے لہٰذا زبانوں کے علاوہ معاشرت، رسم و رواج اور معیشت جیسے معاملات میں ہندوؤں، مسلمانوں اور دیگر مذاہب کے متبعین نے ایک دوسرے سے کافی اثرات قبول کیے ہیں۔ قوی امکان ہے کہ ہندوستانی تاریخ کے اس سفر کا مطالعہ قاری کو ہندوستانی زندگی کے مختلف شعبوں جیسے معاشرت، سیاست، جغرافیہ، آرٹ، موسیقی، ادب، فلسفہ، مذہب، سائنس وغیرہ سے آگاہ کرے گا۔

وطنِ عزیز ہندوستان کی تاریخ، تہذیب و ثقافت کے موضوع پر زیر نظر چوتھی کتاب "ہندوستان: تہذیب و ثقافت (حصہ دوم)" میں جملہ ۱۳ منتخب مضامین شامل ہیں جو اپنی ایک خاص اہمیت کے حامل ہیں۔ امید ہے کہ اس کاوش کا علمی و ادبی حلقوں میں استقبال کیا جائے گا۔

مکرم نیاز

۲۹/دسمبر ۲۰۲۴ء
حیدرآباد (تلنگانہ، انڈیا)

آریاؤں کا وطن اور ہندوستان میں ان کا داخلہ

مسعود حسین خان

ہندیورپی خاندان کی زبانوں کا تقابلی مطالعہ کرنے کے بعد ماہرین لسانیا اس نتیجے پر پہونچے ہیں کہ یہ تمام زبانیں کسی ایک قدیم زبان سے نکلی ہیں لیکن اس سلسلہ میں ہمیں میکس مولر کا یہ قول نہیں بھولنا چاہیئے کہ زبانوں کے ہندیورپی خاندان کا وجود اس بات کی دلیل نہیں بن سکتا کہ اس کے بولنے والے بھی ایک ہی نسل سے ہوں گے۔ یہ اصل زبان کیا تھی ؟ اس کے بولنے والے کہاں بستے تھے ، اور وہ کس طرح یورپ والشیا کے وسیع براعظموں میں پھیلے؟ آریوں کے متعلق یہ ایسے سوال ہیں جن پر محققین آج تک متفق نہ ہو سکے۔ علمی تحقیق میں اختلاف کی کس درجہ گنجائش ہے اس کا اندازہ ان مختلف نظریوں کا مطالعہ کرنے کے بعد ہوتا ہے جو آریوں اور انکے اصل وطن کے متعلق پیش کیے گئے ہیں۔ ان کا سلسلہ ہندوستان (پنجاب وکشمیر) سے شروع ہوکر ہندوکش، تبت ، کاکیشیا، وسط ایشیا، جنوبی روس ، بحیرۂ بالٹک کا ساحل، اسکنڈی نیویا، آسٹریا، ہنگری ، شمالی جرمنی ، پولینڈ اور بالآخر سائبیریا اور خط منجمد شمالی پر ختمہوتا ہے۔ ان سب نظریوں کی تفصیل اور پھر ان کی تردید موضوع بحث کر صرف خبط کرے گی۔ لہذا یہاں چند مستند نظریوں کی وضاحت پر قناعت کی جاتی ہے۔

آریوں کی قدیم کتابوں میں ان کے اصل وطن اور آمد کے سلسلے میں کوئی اشارہ

نہیں ملتا۔ قدیم زمانے میں لوگوں کا خیال تھا کہ آریا تبت سے آئے تھے۔ ہندوؤں کے مذہبی عقیدہ کی رو سے تبت کو انسان کا پہلا مسکن مانا جاتا ہے، اس لیے آریوں کو بھی اسی علاقے سے منسوب کیا گی سنسکرت کے بعض عالموں کا خیال ہے کہ آریا قبائل ہندوستان ہی کی پاک سرزمین سے اٹھے اور بعد میں ایران و یورپ میں پھیل گئے۔ اس نظریہ کو پنڈت ہری اودھ نے اپنی کتاب "ہندی بھاشا اور ساہتیہ کا وکاس" میں وضاحت سے بیان کیا ہے اور اپنی اس رائے کی تائید میں سوامی دیانند، شری نرائن ھون راؤ پاؤگی اور کئی یورپی عالموں کی رائیں پیش کی ہیں، لیکن ان نظریوں میں قباحت یہ ہے کہ یہ تحقیق سے زیادہ عقیدے کی پیداوار ہیں۔ یہ صحیح ہے کہ بقول میو سنسکرت کی جتنی قدیم کتابیں ہیں ان میں آریوں کے بدیسی ہونے کی طرف کہیں بھی اشارہ نہیں ملتا لیکن اس کے ساتھ ہی یہ بات بھی کہیں کھول کر نہیں لکھی گئی کہ آریا اسی سرزمین سے اٹھے تھے۔

رگ وید کے اندر یہاں کے دیسی قبائل اور آریوں کی لگاتار لڑائیوں کے بارے میں جو اشارے ملتے ہیں ان سے تو صاف یہی ظاہر ہوتا ہے کہ آریا قبائل شمال مغربی ہندوستان کے دروں سے لڑتے بھڑتے اور فتح کرتے ہوئے ہندوستان کے میدانوں میں داخل ہوتے ہیں۔ ان محققین کا یہ طریقہ استدلال نہایت پھس پھسا ہے کہ چوں کہ ہندوستان قدیم تہذیب و تمدن کا گہوارہ ہے اس لیے ابتدائی زبان کی تلاش نہیں کرنی چاہیئے۔ ایسا کہتے وقت ان کے ذہن سے وہ لسانی رشتے یکسر محو ہو جاتے ہیں جو ہمیں ایک طرف ایران اور دوسری طرف یورپ کی موجودہ زبانوں سے وابستہ کرتے ہیں۔ اس کے علاوہ اس نظریہ کے حامیوں میں اختلاف رائے بھی ہے۔ بعضوں کا خیال ہے کہ آریا پنجاب میں دریائے سرسوتی کے کنارے بستے تھے۔ کچھ قندھار اور تبت کو آریوں کی جنم بھومی بتاتے ہیں۔ پروفیسر کیتھ کا، جس کی دبی زبان سے گریرسن بھی تائید کرتا ہے، خیال ہے کہ

آریا قبائل کا مرزوبوم ہندوستان کی شمال مغربی سرحد پر تھا۔ کیتھکی یہ رائے مانلینے سے وسطی ایشیا والے نظریئے (جس کی وضاحت آگے کی جائے گی پر کوئی اثر نہیں پڑتا۔ گریرسن کا خیال ہے کہ رگ وید کے سب سے پہلے منتر آریوں کے داخلہ ہندوستان سے قبل لکھے جا چکے تھے۔ یہ اس زبان میں لکھے گئے ہیں جو ہند ایران زبانوں کی ماں تھی۔

تقریباً سب جدید محققین لسانیات اس پر متفق ہیں کہ آریوں کے وطن کی تلاش وسطی ایشیا کے علاقوں ہی میں کرنا پڑے گی۔ ڈاکٹر چڑجی کا خیال ہے کہ قرون اولی کی ہند یورپی زبان و تمدن کا گہوارہ یوریشیا کے وہ وسیع میدان ہیں جن کا سلسلہ ایک طرف پولینڈ اور جرمنی سے ملتا ہے اور دوسری طرف یورال پہاڑوں کے جنوب میں وسط ایشیا کے الطائی اور تھینشان کے سلسلہ ہائے کوہ سے۔ پروفیسر شریدر نے تعین مقام کرتے ہوئے دریائے والگا کے دہانے کو آریوں کا اصل وطن قرار دیا ہے۔ ان کے خیال میں تاریخی دھندلکے میں آریا مغرب اور جنوب مشرق کی طرف پھیلنا شروع ہوئے جو گروہ مغرب میں داخل ہوتا ہے وہ مختلف شاخوں میں تقسیم ہو کر تمام یورپ میں پھیل جاتا ہے اور موجودہ آرمینین، یونانی، البنیین، کیلٹک، جرمن، سلوانک اور تخارین زبانوں کو جنم دیتا ہے۔ دوسرا گروہ جو جنوب مشرق کی سمت اختیار کرتا ہے بحیرۂ کیسپینکے شمال سے ہوتا ہوا موجودہ بدخشاں اور کوہ کند کے علاقے میں پہنچتا ہے جہاں وہ پھر دو شاخوں میں بٹ جاتا ہے۔ ایک شاخ مشرقی ایران میں داخل ہوتی ہے اور پھر دریائے کابل کی وادی کے راستے سے ہندوستان میں۔

" کیمبرج ہسٹری آف انڈیا" میں پروفیسر (GILES) نے جغرافیائی اور تاریخی وجوہ کی بنا پر آریوں کی نقل و حرکت کے اس نظریہ کو رد کیا ہے۔ وہ آریوں کے پھیلنے کا مرکز آسٹریا ہنگری بتاتے ہیں اور اس طرح ان کے خیال میں سب سے زیادہ فطری راستہ

درہ دانیال اور ایشیائے کوچک میں سے ہو گا۔ تاریخ میں بعد کو نقل مکان کی جتنی مثالیں ملتی ہیں ان میں ہی راستہ اختیار کیا گیا ہے۔ بحیرہ کیسپین کے شمال مشرق سے آریوں کا گزرنا اس لئے ناممکن قرار دیا گیا ہے کہ یہ نشیبی علاقہ ہے جس کا بیشتر حصہ عہد عتیق میں تہ آب تھا۔ اس وقت بحیرہ کیسپین اتنے وسیع رقبے میں پھیلا ہوا تھا کہ اس کا سلسلہ جھیل ارال سے ملتا تھا۔ اسی طرح جنوبی روس سے کاکیشیا کی جانب بھی نقل و حرکت ناممکن تھی۔ پہاڑوں کے اس دشوار گزار سلسلہ کو یونان قدرتی فصیل سمجھتے تھے۔ آج بھی یہ سلسلہ صرف درہ دانیال سے عبور کیا جا سکتا ہے۔

"وسطی ایشیا" والے نظریہ کی تائمید ان ریکارڈوں سے بھی ہوتی ہے جو ۱۹۰۶ء میں ایشیائے کوچک میں دریافت ہوئے ہیں اور جن کا تعلق ۱۴۰۰ قبل مسیح سے ہے۔ ان ریکارڈوں میں بعض دیوی دیوتاؤں کے نام مثلاً (اندرا، ارونا، متیرا وغیرہ) ملتے ہیں جنھیں مٹنی کے حکمراں پوجتے تھے۔ یہ نام سنسکرت کی مقدس کتابوں میں جوں کے توں پائے جاتے ہیں۔ بالخصوص اعداد تو سنسکرت اعداد سے اتنے ملتے جلتے ہیں کہ یہ مسلم ہو جاتا ہے کہ آریا کاکیشیا کے راستے سے ایشیائے کوچک اور مشرق کی طرف بڑھے ہوں گے۔ اس طرح اوستا کی فطری اور غیر مصنوعی زبان کے دونوں کناروں پر ہیں خالص مصنوعی زبان کے نمونے ملتے ہیں۔ مشرق میں سنسکرت اور مغرب میں ایشیائے کوچک کے نئے دریافت شدہ ریکارڈوں کی زبان۔ یہ اس بات کا ثبوت ہیں کہ آریا ان دونوں مقاموں پر بے گانوں کی طرح رہے اور اپنی نسل اور زبان کو الگ تھلک رکھا جیسا کہ ان کا نام دستور تھا۔ اس کے برعکس ایران خاص میں ان کی زبان فطری طور پر بدل کر اس مصنوعی رجحان کو گنوا دیتی ہے۔

ان آریوں کو تاریخی روشنی میں سب سے پہلے ہم شمال مغربی ایران میں

(۲۰۰۰ق۔م) دیکھتے ہیں۔ ہندوستان میں آریوں کے داخلہ کی تاریخ ۱۵۰۰ق۔م مقرر کی جاسکتی ہے۔ یہ امر یقینی ہے کہ ہندیورپی زبان بولنے والے آریا اپنے داخلہ ہند سے قبل عرصے تک مشرقی ایران میں قیام کرچکے تھے، جہاں ان کی زبان ارتقائی منازل طے کرتی ہوئی ۲۰۰۰ ق۔ م تک "ہندایرانی" منزل پر پہنچ جاتی ہے "ہندیورپی" زبان کی یہ "ہندایرانی" شکل ہی ان تمام زبانوں کی ماں کہی جاسکتی ہے جو بعد کو ایران میں پھیلیں اور جسے آریا بولتے ہوئے ہندوستان میں داخل ہوئے۔ ہندوستان کے زرخیز میدانوں میں آریوں کا داخلہ کسی منظم سیاسی تحریک کی شکل میں نہیں تھا یہ عمل کئی صدیوں تک جاری رہا اور اس میں جہاں گیری سے زیادہ جہاں پیمائی کا جذبہ کارفرما تھا۔

ہندوستان میں آریوں کا سابقہ دراویدی اور آسٹرک قوموں سے پڑا۔ دراویدیوں سے ان کا مقابلہ مغربی اور شمالی مغربی ہندوستان میں ہوا۔ آسٹرک زیادہ تر مشرقی اور وسط ہند کے علاقوں میں آباد تھے۔ ان قوموں کو زیر کرنے میں انھیں کافی جدوجہد کرنی پڑی۔ اس جدوجہد کی جھلک رگ وید کے بعض قصوں میں پائی جاتی ہے۔ چنانچہ موجودہ ہندی تمدن خالص آریائی تمدن نہیں کہا جاسکتا۔ فاتح اور مفتوح دونوں آخر میں ایک دوسرے پر اثرانداز ہوتے ہیں۔ یہی شکل یہاں بھی پیدا ہوئی۔ جس طرح بعض مورخوں کا یہ دعوی غلط ہے کہ ہندوستان میں آریائی تمدن مذہب کی آڑ میں پھیلا لیکن آریا قوم کے افراد بہت کم تعداد میں ہندوستان کو اپنا گھر بنا سکے؛

اسی طرح یہ کہنا بھی تاریخی غلطی ہوئی کہ آریائی سماج دراویدی تمدن کو نگل گیا تھا۔ نئے انکشافات سے یہ بات پایہ ثبوت کو پہنچ چکی ہے کہ ہندوستان میں نووارد آریوں کا ایک ایسے تمدن سے سابقہ پڑا تھا جو کئی لحاظ سے ان صحرانوردوں کے تمدن پر فوقیت رکھتا تھا۔ چنانچہ موجودہ ہندی تمدن کے بعض بنیادی عناصر اسی قدیم ہندوستانی تمدن کی یادگار ہیں۔

آریوں نے دراویدی مذہب کے بہت سے عناصر قبول کر لئے۔ بعض ریوی دیوتاؤں کے تصورات اور دیومالا کچھ کھانے پینے کی چیزیں (پان سپاری) اور لباس (دھوتی اور ساری) خالص دراویدی عناصر ہیں۔ جہاں تک زبان کا تعلق ہے محققین نے دراویدی زبانوں کے بعض عناصر کی نشان دہی کی ہے۔ ان زبانوں کا آریائی زبان کی قواعد اور صوتیات پر کافی اثر پڑا اور آریائی زبان نے "ہند ایرانی" منزل سے گزر کر "ہند آریائی" شکل اختیار کر لی۔ شمالی ہند میں اب دراویدی زبانوں کا نام و نشان نہیں ملتا ہے تحقیق کا یہ حصہ بالکل تاریکی میں ہے اس کے بجز کچھ نہیں کہا جا سکتا کہ قدیم پراکرتوں کی پیدائش دیس کی انھیں بولیوں کی گود میں ہوئی ہو گی۔

قدیم آریائی تہذیب کی سب سے بڑی دین "براہمی" رسم الخط ہے جس کا ارتقا ہندوستان میں ہوا اور جو ہندوستان کی تمام زبانوں کی لکھاوٹوں (الا اردو اور کشمیری) کا ماخذ ہے اور جسے آریوں نے شروع سے اپنی زبانوں کے لئے استعمال کیا ہے۔

https://www.taemeernews.com/2022/06/aryans-homeland-and-their-entry-into-india.html

❋ ❋ ❋

پرتھوی راج چوہان کی داستانِ حسن و عشق

راج کماری

دور، بہت دور، سرسبز پہاڑیوں کے دامن میں ایک راجپوت حسینہ گھوڑا اڑائے چلی جا رہی تھی، اچانک دو سوار بلند و بالا درختوں کی اوٹ میں سے نکل کر حملہ آور ہوئے۔ چیخ ایک خوفناک اور دلدوز چیخ فضا میں بلند ہوئی۔ ابھی سوار حملہ بھی نہ کرنے پائے تھے کہ ایک اور بانکا جوان سرپٹ آتا ہوا دکھائی دیا۔ ایک ہی لمحہ میں دونوں حملہ آوروں کے سر خاک و خون میں لڑھکتے ہوئے نظر آنے لگے۔

حسینہ ابھی تک خوف سے کانپ رہی تھی۔

بانکے راجپوت نے سہمی ہوئی حسینہ کی طرف دیکھا، وہ خوبصورت اور بلا کی خوبصورت تھی، سیاہ لانبے بال کمر تک لٹک رہے تھے، آنکھوں میں غضب کی مستی تھی اور نوجوان ۔۔۔ ایک نہایت حسین اور سڈول بدن چہرے سے وقار اور تیج نمایاں، دونوں کی آنکھیں چار ہوئیں، حسینہ کے لبوں پر مسکراہٹ تھی اور نوجوان ورطۂ حیرت میں گم۔

"بالے کیا نام ہے تمہارا؟" نوجوان نے محبت آمیز لہجے میں دریافت کیا۔

"میں مہاراج جے چند والئ قنوج کی پتری سنجوگتا ہوں، میں آپ کی دھنیہ وادی ہوں۔ آپ کی تعریف؟" اس نے نیم بار نگاہوں سے اس نوجوان راجپوت کی طرف

دیکھتے ہوئے پوچھا۔۔۔

لیکن یہ کیا؟ راجپوت جواب دینے کی بجائے دوسری طرف مڑا اور گھوڑے کو ایڑ لگاتے ہوئے کہا:

"میں وہی کائر ہوں، جسے آپ لوگ پرتھوچوہان کہا کرتے ہیں۔"

سنجوگتا دیوانوں کی طرح ہوا میں دیکھنے لگی۔

پرتھوی راج چوہان کی شہ زوری اور بہادری کے قصے زبان زد خلائق تھے۔ یہاں تک کہ وہ گھروں کی چار دیواریوں میں جا پہنچے، ویر بالائیں، بہادر اور شجاع راجپوت کنیائیں اسے خاص نظروں سے دیکھتی تھیں۔ مگر کوئی چیز اس بہادر حکمران کو متزلزل نہ کر سکتی تھی۔ مگر اب۔۔ یہی بہادر چوہان راٹھور ساحرہ کے حسن ملائک افروز سے مسحور ہو چکا تھا۔ وہ سیاہ لانبے بالوں نالی نازک حسینہ اس کے صبر و قرار کو چھین لے گئی تھی۔

کئی روز تک بحر فکر میں غوطہ زن رہا، کوئی مناسب طریقہ نظر نہ آتا تھا۔ جے چند اس کا جانی دشمن تھا اور اسے ہر ممکن ذریعہ سے ذلیل اور تباہ کرنے پر تلا ہوا تھا۔ لیکن ع

عشق اول در دلِ معشوق پیدا می شود

اس کی امیدوں اور آرزوؤں کا باغ سرسبز و شاداب نظر آنے لگا جب ایک صبح کی پہلی کرن کے ساتھ ہی ایک خط اسے ملا۔

"پریتم! چھما کرو، میں نے آپ کا اپمان کیا۔ لیکن یہ میرا دوش نہ تھا بلکہ پتا جی کے الفاظ تھے، مجھ تک تو کبھی آپ کا پیغام پہنچنے ہی نہیں پایا، میں آپ کی شجاعت کے افسانے سن کر آپ کی ہو چکی ہوں۔ ہندو کنیا محض ایک مرتبہ پریم کرتی ہے۔ میں نے آپ کو پریم درشٹی سے دیکھا ہے، اب آپ کی ہی رہوں گی۔ کیا چوہان ستی کی رکھشا کرنے کا حوصلہ رکھتا ہے؟"

پرتھوی راج شوق و محبت سے دیوانہ ہو گیا۔ وہ سنجوگتا کے الفاظ کی صداقت اور اہمیت کو بخوبی سمجھتا تھا۔ دوسری طرف جے چند تڑپ اٹھا:

"میری بیٹی اور میرے ہی دشمن سے شادی کا ارادہ، یہ کبھی نہیں ہو سکتا۔"

دوسرے ہی دن سنجوگتا، ستی اور باوفا سنجوگتا ایک محل میں نظر بند کر دی گئی۔ سوائے کرناٹکی کے کوئی اس کے پاس جانے نہ پاتا تھا۔ یہ سنجوگتا کی وفادار لونڈی اور مہاراج پرتھوی راج کی فرستادہ تھی۔ اسی کے ذریعہ اب تک نامہ وپیام جاری تھا۔

سوئمبر کی تیاریاں شروع تھیں۔ پرتھوی راج کو مدعو نہ کیا گیا، بلکہ اسے ذلیل کرنے کے لئے اس کا بت بنا کر بطور دربان کھڑا کرنے کا فیصلہ ہوا۔ سنجوگتا نے سنا، دل میں ایک شبہ نے سر اٹھایا اور جلد ہی شبہ نے یقین کی صورت اختیار کر لی۔ مگر راجپوت بالا اس کے خلاف عزم صمیم کر چکی تھی، دنیا کی کوئی طاقت ہندو کنیا کے پرن کو توڑ نہیں سکتی۔ اس نے تمام کیفیت بلاکم و کاست چوہان بہادر کو لکھ دی۔

ایک عورت گا رہی تھی، آواز میں سوز تھا اور غضب کا درد۔

ساون کی رت آئی ساجن
ساون کی رت آئی
جاتی ہیں کنجوں کو سکھیاں، میں بیٹھی مرجھائی
ساجن۔۔ساون کی رت آئی
کسی سے پریت لگا کر تو نے میری سدھ بسرائی
ساجن۔۔۔ساون کی رت آئی

راہرو راجپوتوں نے سنا۔ ٹھٹک کر کھڑے ہو گئے۔ آواز لحظہ بہ لحظہ کم ہو کر سسکیوں میں تبدیل ہو رہی تھی۔

"کیا ارادہ ہے چاند؟" ایک نے دریافت کیا۔

"دیوار پھاند چلیں۔"

دونوں نے ادھر اُدھر متجسس نگاہوں سے دیکھا، یکے بعد دیگرے دیوار پھاند کر باغ میں اتر گئے۔ رات کا وقت تھا، آسمان پر کالے بادل فراق زدہ عاشق کی طرح بے چینی واضطراب سے منڈلا رہے تھے۔ اس ہاتھ سمجھائی نہ دینے والی تاریکی میں دونوں مکان کی طرف بڑھے۔ ان کے کانوں میں آواز آئی۔

"کیا وہ نہیں آئیں گے کرناٹکی۔"

"چھی پگلی، سکھی تم چوہان مہاراج کو اب تک نہیں سمجھیں۔"

پھر سسکیوں کی آواز آئی اور کسی نے سسکیوں ہی سسکیوں میں گانا شروع کیا:

"دکھ کے دن اب بیت ناہیں۔"

نوواردوں کی آنکھوں سے آنسو بہنے لگے۔ انہوں نے دروازہ پر دستک دی۔ آواز یکلخت بند ہو کر ایک خاموش ہل چل سی پڑ گئی۔ کرناٹکی نے بڑھ کر دروازہ کھولا، پژمردہ دل از سر نو ہرے ہو گئے۔

"میں آگیا سنجوگتے۔"

راجکماری سنجوگتا نے ساڑھی کے پلو کو سر پر درست کیا اور فوراً اٹھ کھڑی ہوئی۔ وہ جواب میں مسکرائی، لیکن اس مسکراہٹ کے پردہ میں یاس کی جھلک صاف دکھائی دیتی تھی۔ کرناٹکی کی آنکھوں سے آنسوؤں کا سیلاب جاری تھا۔۔ یہ خوشی کے آنسو تھے۔

مہاراج پرتھوی راج نے سنجوگتا کو تسلی دیتے ہوئے کہا:

"مایوس کیوں ہوتی ہو سنجوگئے! اگر پرتھوی راج کے بازوؤں میں قوت ہے تو وہ تمہیں حاصل کر لے گا"۔

سنجوگتا کے چہرہ پر مسرت کے آثار نمودار ہوئے۔ اس نے ایک ٹوکری میں سے

پھولوں کی مالا نکال کر اس کے گلے میں ڈالتے ہوئے کہا:

"میں آپ کی ہو چکی۔ اب جائیے کہیں دشمنوں کو پتہ نہ لگ جائے۔"

دونوں آنسو گراتے ہوئے رخصت ہوئے، معلوم نہ تھا کہ پھر ملاقات ہو یا نہ ہو۔

سوئمبر کا دن آ گیا۔ سینکڑوں راجپوت، راجے اور رئیس اپنی قسمت آزمانے کے لئے جمع تھے۔ پرتھوی راج کا بت بنا کر دروازہ پر نصب کر دیا گیا۔ چوہان دانت پیس کر رہ جاتے تھے۔ ایسا معلوم ہوتا تھا گویا کوئی خاص طاقت اور مقصد ان کی راہ میں حائل ہے اور جے چند ان کی اس خاموشی کو بزدلی سے تعبیر کرتا تھا۔

دربار آراستہ تھا، دروازہ کھلا۔ سنجوگتا، زیورات اور ریشمی پارچات میں ملبوس اپنی حسین سہیلیوں کے ہمراہ نکلی۔ حاضرین کی نگاہوں میں چکا چوند پیدا ہو گئی۔ سب کے دل زور زور سے دھڑکنے لگے۔ جس جس کے پاس سے گزرتی جاتی تھی اس کا رنگ فق ہوتا جا رہا تھا۔ وہ تیزی سے چلتی ہوئی پرتھوی راج کے بت کے پاس پہنچ گئی۔

چاروں طرف غم و غصہ کی ایک زبردست لہر دوڑ گئی۔ لیکن پیشتر اس کے کہ جے چند اپنی جگہ سے اٹھ کر اس کے ہاتھوں سے مالا چھینے وہ بت کے گلے میں ڈالی جا چکی تھی۔

اور اسی وقت ایک غیر معمولی طاقتور اور قوی بازو نے تماشائیوں میں سے نکل کر ستی سنجوگتا کو اپنے گھوڑے پر ڈال لیا۔ یہ جا، وہ جا، آناً فاناً میں مارتا، کاٹتا نظروں سے اوجھل ہو گیا۔۔۔

یہ بہادر پرتھوی راج تھا۔

https://www.taemeernews.com/2022/02/prithviraj-chauhan-and-sanyogita-story.html

***

تحریک آزادیٔ ہند میں خواتین کا کردار

مہر فاطمہ

ترے ماتھے پہ یہ آنچل بہت ہی خوب ہے لیکن
تو اس آنچل سے اک پرچم بنا لیتی تو اچھا تھا

(مجاز)

اس شعر کو ذہن میں رکھتے ہوئے ذرا غور کریں کہ ہندوستان کی آزادی جو مختلف مذہبوں، قوموں، نسلوں اور علاقوں کی قربانیوں کا نتیجہ تو واقعی ہے لیکن اِس میں اگر مردوں کے شانہ بشانہ خواتین بھی جوش و خروش کے ساتھ حصّہ لے کر آنچل کو پرچم نہ بنا لیتیں تو کیا ملک کی آزادی کا خواب اِتنی جلدی شرمندۂ تعبیر ہو پاتا۔ ایک صدی تک جاری رہنے والی اِس تحریکِ آزادی مردوں کے ساتھ خواتین نے بھی قربانی کی شاندار روایات قائم کی اور تاریخ رقم کی۔ اِن خواتین میں بلا تفریق ہندو اور مسلم دونوں شامل رہیں۔

ایک نظر تاریخ کے صفحات پر ڈالیں تو دیکھیں گے کہ آزادی کی یہ تحریک جب آگے بڑھتی ہے، یہاں تک کہ بیسویں صدی آجاتی ہے اور آزادی کی جدوجہد عوامی شکل اختیار کرلیتی ہے، اُس وقت مہاتما گاندھی اپنے اخبار "ینگ انڈیا" کے ذریعہ عورتوں کو ستیہ گرہ میں حصّہ لینے اور چرخہ کاتنے کی ترغیب دیتے ہیں، جس پر ہزاروں کی تعداد میں

خواتین اپنے گھروں سے باہر نکل آتی ہیں اور مختلف محاذوں پر کام کرنے لگ جاتی ہیں، گاندھی جی کی آواز پر صرف دہلی میں سولہا سو عورتوں نے ستیہ گرہ میں حصّہ لے کر خود کو گرفتاری کے لیے پیش کیا، اس سے قبل بھی آزادی کی لڑائی میں جو شدت آئی اُس میں چند خواتین کا بہت اہم حصّہ رہا، اِن خواتین میں سرِفہرست بی اماں والدہ مولانا محمد علی شوکت علی کا نام ہے جو تعلیم یافتہ نہ ہونے کے باوجود سلیقہ مند اور بہادر خاتون تھیں۔ کچھ لکھنے پڑھنے کے بعد جب بی اماں تحریکِ آزادی میں شامل ہوئیں تو اُن کا شمار اچھے مقرروں میں کیا جانے لگا، عملی طور پر اُن کی سیاسی زندگی کا آغاز پہلی جنگِ عظیم سے ہوا، بعد میں خلافت تحریک کی وہ فعال کارکن بنیں، ملک کے مختلف حصوں میں جاکر نوجوان مردوں اور عورتوں میں آزادی کا جذبہ اُبھارتی رہیں، خواتین کانفرنس کی صدارت کی اور اپنے زمانہ کی دوسری سرگرم خواتین کستوربا گاندھی، سروجنی نائیڈو، اینی بسینٹ، انوسوئیابائی، سرلادیوی، اپنی بہو امجدی بیگم، نشاط النساء بیگم، بیگم سیف الدین کچلو وغیرہ کو اپنی شخصیت سے متاثر کیا، ساتھ ہی ان کے عزم و ارادہ سے مردوں کی بھی حوصلہ افزائی ہوئی۔ یہاں تک کہ ۱۹۴۲ء میں آزادی کے لیے کام کرتے ہوئے وہ اِس دنیا سے رخصت ہوگئیں۔

تاریخ کے صفحات میں حضرت محل کا نام بھی جلی حروف میں لکھا ملے گا۔ وہ حضرت محل جو اودھ کے نواب واجد علی شاہ کی بیگم اور برجیس قدر کی ماں تھیں۔ اِس جانباز خاتون نے اپنے خاوند کی معزولی و گرفتاری پر سوگ منانے کے بجائے محل کا آرام و آسائش قربان کرکے انگریزوں کے خلاف علمِ بغاوت بلند کرنے کی تگ ودو میں خود کو جھونک دیا، بیٹے کو اودھ کا بادشاہ بنایا اور صرف گیارہ دن میں لکھنو سے انگریزوں کو نکال کر انقلابیوں کی قیادت خود سنبھال لی، ملکہ وکٹوریہ کے اعلان کے جواب میں ایسٹ انڈیا کمپنی سے

ہندوستان کی انتظامیہ کا حق چھین لینے کا اعلان کر دیا، لکھنو پر انگریزوں کے دوبارہ قابض ہونے پر فیض آباد وغیرہ کے محاذوں پر انگریز فوج کا مقابلہ کرتے ہوئے، سرحد پار نیپال چلی گئیں، نیپال کے ہی کسی گوشے میں حضرت محل کی زندگی کا چراغ گل ہوا، لیکن انگریزوں کے ہاتھ نہ آنے کا عہد پورا کر کے وہ ہندوستانی خواتین کے لیے مثال بن گئیں۔

دوسرا اہم نام جھانسی کی رانی لکشمی بائی کا ہے، جن کے بارے میں آخر میں ہم تفصیلی گفتگو کریں گے۔ اس سے قبل میں دیگر خواتین کا مختصر اذکر کر دوں۔

۱۸۵۷ء کے انقلاب کی ایک اور نقیب رائے گڑھ موجودہ مدھیہ پردیش کے ضلع منڈلا کی حکمراں اونتی بائی ہیں، جن کے آنجہانی شوہر وکرماجیت کے دو بیٹے ہونے کے باوجود ۱۸۵۱ء میں رائے گڑھ پر انگریزوں نے قبضہ کر لیا۔ اونتی بائی اِس ناانصافی کو برداشت نہیں کر سکیں، جیسے ہی ۱۸۵۷ء کے انقلاب کی گھن گرج شروع ہوئی، اُنھوں نے آس پاس کے راجاوں، ٹھاکروں اور جاگیرداروں کو ساتھ لے کر شنکر شاہ کی قیادت میں عین دسہرہ کے دن انگریزوں کے خلاف اعلانِ جنگ کر دیا، شنکر شاہ اور اُس کے بیٹے انگریزوں کے عتاب کا شکار ہوئے، جنھیں پکڑ کر توپ سے اُڑا دیا گیا لیکن اِس کا ردّ عمل یہ ہوا کہ انگریز اِنفنٹری میں بغاوت ہو گئی، انگریز کمانڈر مقابلہ کرتے ہوئے زخمی ہو کر بھاگ گیا، رانی اونتی بائی کافی دن گڑھ منڈلا پر حکومت کرتی رہیں لیکن دوسرے محاذوں کی طرح یہاں بھی انگریزوں کی سازش کامیاب ہوئی اور آزادی کی متوالی اونتی بائی کو خودکشی پر مجبور ہونا پڑا لیکن اپنی جنگی صلاحیت اور بہادری کی وجہ سے تاریخ کا ایک ناقابلِ فراموش باب بن گئی۔

۱۸۵۷ء کا ہی زمانہ ہے، جنگ آزادی کے شعلے بلند ہو رہے ہیں ہر طرف انگریزوں کے خلاف بغاوت اُٹھ کھڑی ہوئی ہے، انگریزوں نے بندوق کی نال پر اِسے دبانے کی

کوشش کی، دہلی کے قریب مظفر نگر میں مردوں کے ساتھ عورتیں بھی اپنے گھروں سے نکل آئیں، کافی گرفتاریاں ہوئیں، گیارہ عورتوں کو پھانسی پر چڑھایا گیا، آج کوئی تصور نہیں کر سکتا کہ کانپور کی ایک طوائف عزیزن بانو بھی جنگی لباس پہنے، بہادر شاہ ظفرؔ کا جھنڈا لہراتی میدان میں نکل آئے گی اور اودھ کی بیگمات کے ساتھ ساتھ جھانسی، ساگر، تلسی پور، منڈلا کی رانیاں اور کتنی ہی دوسری پردہ نشین عورتیں اپنے شانوں سے روایت کا بوجھ اُتار کر اپنے خون کی سرخی سے سرفروشی کی تاریخ رقم کریں گی۔ شیر دل خواتین کی یہ انفرادی و اجتماعی شجاعت بیرونی دباؤ کا نتیجہ نہیں تھی، اُن کا سوچا سمجھا اپنا فیصلہ تھا، جس پر انھوں نے خود عمل کیا اور اپنے شوہروں، باپوں اور بھائیوں کی غیرت کو جگایا۔ تحریک آزادی کی ایک اور جیالی خاتون میڈم کاماہیں، جنہوں نے ۱۹۰۷ء میں پہلی بار ورلڈ سوشلٹ کانفرنس جرمنی میں ہندوستان کا قومی پرچم لہرایا اور نامور انقلابی مولانا برکت اللہ بھوپالی، شیام جی کرشن ورما اور لالہ ہردیال کی طرح ہندوستان کے باہر تحریکِ آزادی کے لیے دنیا کے انصاف پسند عوام کی حمایت حاصل کی۔

امجدی بیگم اہلیہ محمد علی جوہرؔ آزادی کے اُس متوالے مجاہد کی رفیقۂ حیات ہیں جس نے کہا تھا "جب وطن کا معاملہ ہے تو میں اوّل ہندوستانی ہوں بعد میں مسلمان ہوں اور اسلام کا معاملہ ہے تو میں پہلے مسلمان اور بعد میں ہندوستانی ہوں"۔ امجدی بیگم مولانا محمد علی جوہرؔ کے ساتھ اُن کی سیاسی زندگی میں شریک رہیں، اُنھوں نے ستیہ گرہ اور خلافت تحریک کے لیے بی اماں کے ساتھ کروڑوں روپے کا چندہ جمع کیا اور کانگریس ورکنگ کمیٹی کی ممبر بھی بنیں، امجدی بیگم کی اِن تمام خدمات کا اعتراف کرتے ہوئے ۲۹ نومبر ۱۹۲۱ کے "ینگ انڈیا" میں گاندھی جی نے ان پر "ایک بہادر خاتون" کے عنوان سے خصوصی مضمون لکھا۔

امجدی بیگم کی طرح تین خواتین اور ہیں جن کا آزادی کی جدوجہد میں قابلِ ذکر حصّہ رہیں۔اِسی سلسلہ میں بنگال کی کماری پریتی لتا دادیکر کا نام قابلِ ذکر ہے، جس نے تیسری دہائی میں سرجیہ سین کی قیادت میں چاٹگام پر انگریزوں کے خلاف جنگ میں حصّہ لیا اور آخر میں گرفتاری کے بجائے خودکشی کو ترجیح دی، اِسی طرح ماتنگی ہاجرا نے "عدم تعاون کی تحریک" سے ہندوستان چھوڑو موومینٹ" تک انگریزوں کا مقابلہ کیا، تاملوک میں گورنر کے ایک دربار میں "واپس جاؤ" کا نعرہ لگانے کی ہمت بھی دکھائی۔

۱۹۴۲ء کی ہندوستان چھوڑو تحریک میں تو خواتین کی تعداد اِتنی زیادہ تھی کہ اُن کے ناموں کی صرف فہرست بھی یہاں دینا ممکن نہیں، ان خواتین میں سروجنی نائیڈو اور ارونا آصف علی کے نام سرِ فہرست ہیں، جنھوں نے برسرِ عام اور زیرِ زمین تحریکات میں حصّہ لے کر انگریز حکومت اور انتظامیہ کا ناطقہ بند کر دیا، ارونا جی کی زندہ یا مردہ گرفتاری پر ایک بڑا انعام بھی رکھا گیا تھا۔ مردولا سارا بھائی بھی وہ جیالی خاتون ہیں جنھوں نے انگریزوں کے زمانے اور آزادی کے بعد ہندوستانی سماج خاص طور پر عورتوں میں بیداری لانے اور ان کے حقوق کے لیے اہم کام کیا۔ ان ہی کے ساتھ کستوربا گاندھی، راج کمار سورج کلا سہائے اور کماری امرت کور کے نام بھی آتے ہیں، اس کے علاوہ سیکڑوں ایسی بہادر خواتین ہیں جن کی قربانیاں تاریخ کا حصّہ نہیں بن سکیں لیکن تحریک آزادی میں ان باہمت خواتین کا نہایت ولولہ انگیز کردار رہے:

عورت ہوں مگر صورت کہسار کھڑی ہوں
اک سچ کے لیے سب سے لڑی ہوں

ظاہر ہے کہ ان سب خواتین نے اپنے اپنے اعتبار سے وہ کارہائے نمایاں انجام دئے کہ وہ تاریخ کے صفحات میں سنہرے حروف میں درج ہیں لیکن ان میں سے جو شخصیت

بچپن سے میری دلچسپی کا مرکز رہی، وہ ہیں رانی لکشمی بائی یا جھانسی کی رانی وہ اُترپردیش کے وارانسی علاقے میں پیدا ہوئیں، اصلی نام منی کرنیکا ہے۔ جھانسی کے راجہ گنگادھر راؤ سے شادی ہوئی، انہوں نے شوہر کی وفات کے بعد جھانسی کی باگ ڈور سنبھال لی، انگریزوں نے اُن کے لے پالک لڑکے دامودر راؤ کو وارث ماننے سے اِنکار کر کے ریاست سے بے دخل کر دیا اور اُس پر قابض ہو گئے۔ ۱۸۵۷ء کی جنگِ آزادی کا معرکہ گرم ہوا تو انگریزوں کی بدمعاملگی سے ناراض لکشمی بائی نے اُن کے خلاف اعلانِ جنگ کر دیا، اُنھیں نہ صرف جھانسی سے نکالا بلکہ آگے بڑھ کر مورانی پور اور برواساگر کے مقام پر شکستِ فاش بھی دی اور اِس طرح یہ بہادر خاتون اس وقت کی سب سے طاقتور قائد بن کر اُبھریں، اُن کی فوجی طاقت میں اُس وقت اور بھی اضافہ ہوا جب پانپور اور شاہ گڑھ کے حاکم اُن سے آکر مل گئے، انگریزوں نے زبردست حملے کئے، دو ہفتہ تک رانی بے جگری سے مقابلہ کرتی رہیں آخر کالپی میں پناہ لی، وہاں راوصاحب اور تاتیاٹوپے اپنی افواج کے ساتھ آملے، کونچ اور کالپی میں دوبارہ انگریزوں سے مقابلہ ہوا، ناسازگار صورتِ حال میں گوالیار میں پناہ لی اور پیشوا کی حکومت وہاں قائم کی اور انگریزوں سے فیصلہ کن جنگ کے لیے عورتوں کا لباس اُتار کر مردوں کا لباس زیب تن کیا، فوجیوں کی کمان اپنے ہاتھ میں لی، فتح قریب تھی کہ غدار دیوان دِنکر راؤ انگریزوں سے مل گیا، نتیجہ میں جنگ کا نقشہ پلٹنے میں دیر نہیں لگی، جواں مردی کے ساتھ لڑتے ہوئے شیر دل لکشمی بائی نے دم توڑ دیا لیکن انگریزوں کے آگے سر نہ جھکایا یعنی یہ ایک ایسا کردار ہے جس نے گھٹنے ٹیکنے کے بجائے شہادت کو ترجیح دی ان کی بہادری کی داستان کالپی اور جھانسی کے ذرے ذرے میں مضمر ہے۔ کہا جاتا ہے کہ انہوں خود کو آگ میں جلانے کا حکم دیا تا کہ انگریز ان کی لاش تک نہ پا سکیں:

تو آگ میں اے عورت زندہ بھی جلی برسوں

سانچے میں ہر اک غم کے چپ چاپ ڈھلی برسوں

(حبیب جالب)

میں اپنی بات General Hugh Rose کے اس قول پر ختم کروں گی جو اس نے اپنی خود نوشت Sir Hugh Rose And The central indian campaign ۱۸۵۸ میں لکھا:

"Rani Laxmi Bai had been the most dangerous of all rebel leaders, best and bravest of all, only man among mutineers."

https://www.taemeernews.com/2022/08/role-of-women-in-india-freedom-struggle.html

❋ ❋ ❋

رضیہ سلطان - ایک ممتاز خاتون حکمراں

پروفیسر صالحہ رشید

۸ / مارچ ۲۰۲۲ء کو عالمی یوم خواتین منایا گیا جس کا نعرہ جنسی مساوات پر مبنی ہے۔ Gender Equality Today For A Sustainable Tomorrow جنسی نابرابری ایک عالمی مسئلہ ہے۔ مرد سماج نے خواتین کو زندگی کے ہر شعبے میں کمتر گردانا۔ گو کہ ماضی کے مقابلے آج خواتین کو آگے بڑھنے کے مواقع میسر ہیں اور اب خواتین سائنس تکنیک، کھیل کود، سیاست اور دیگر شعبوں میں آگے آئی ہیں تاہم اب بھی دنیا کے تمام شعبوں میں خواتین کی نمایندگی مرد حضرات سے بہت کم ہے۔

اقوام متحدہ کی ۲۰۱۹ء کی ایک رپورٹ کے مطابق اس وقت ۲۴ / فی صد خواتین پارلیمنٹ میں حصہ داری کر رہی تھیں۔ ان میں ۲۷ / ممالک کی خواتین شامل تھیں۔ افریقہ کا روانڈہ دنیا کا واحد ملک ہے جہاں حکومتی وزارتوں پر ۶۷ / فی صد خواتین قابض ہیں وہیں امریکہ جیسے ملک میں آج تک کوئی خاتون ریاست کی سربراہ نہیں بن سکی اور نہ ہی اقوام متحدہ کی سیکریٹری شپ کسی خاتون کو ملی۔ جب کہ ہندوستان کی سربراہی آنجہانی اندرا گاندھی کر چکی ہیں۔ موجودہ وقت میں ۳۲ / ممالک یا خود مختار ریاستیں یا علاقے ایسے ہیں جہاں اعلیٰ ترین عہدوں پر خواتین متمکن ہیں۔ ملکہ برطانیہ طویل عرصے سے سریر آرائے تخت ہیں۔ نیوزی لینڈ کی وزیر اعظم جیسنڈا آرڈرن حال ہی میں اپنی عمدہ کارکردگی

کے لئے جانی گئیں۔ عائشہ موسیٰ السعید جن کا تعلق سوڈان سے ہے، آپ تعلیم کے انتشار پر کام کر رہی ہیں۔ ایک زمانہ تھا کہ مراقش کی سیدہ الحراء کا مغربی بحیرۂ روم پر تسلط قائم تھا۔ اس کا زمانہ ۱۴۸۵ء سے ۱۵۴۲ء کے درمیان ہے۔ ترکی کی نور بانو سلطان (۱۵۲۵ء سے ۱۵۴۲ء) بہت مشہور ہیں۔ بابر کی نانی دولت ایسان بیگم جن کی وفات ۱۵۰۵ء میں ہوئی، ایک زبردست خاتون تھیں اور ملکی امور میں دخل رکھتی تھیں۔ اسی طرح چاند بی بی نے جس کا زمانہ ۱۵۵۰ء سے ۱۵۹۹ء کا ہے، اس نے احمد نگر کی سلطنت کے دفاع کے لئے مغل بادشاہ اکبر سے مقابلہ کیا۔ اس طرح تاریخ کے اوراق میں خال خال خواتین کا نام درج ہوا ہے۔

ایسی ہی خواتین میں ایک قابل ذکر نام رضیہ سلطان کا ہے۔ امسال عالمی یوم خواتین کے جنسی مساوات کے دئے ہوئے نعرے کے پیش نظر رضیہ سلطان کا ذکر یوں معنی خیز ہے کہ اس کی شخصیت سازی میں اس کے باپ التتمش نے اہم کردار نبھایا۔ در اصل جنسی مساوات کے ہدف کو حاصل کرنے کے لئے یہ نکتہ خاص ہے۔

تیرہویں صدی کی اوایلی تاریخ میں ایک پر تضاد واقعہ درج ہے اور وہ ہے سلطان رضیہ کا دہلی کے تخت پر متمکن ہونا۔ سلطان رضیہ کی زندگی سے واقف ہو کر یہ اندازہ لگانا مشکل نہیں کہ تیرہویں صدی سے ہوتے ہوئے آج اکیسویں صدی میں ہماری ہندوستانی معاشرت خواتین کے معاملے میں کتنی پیشرفت کر سکی ہے؟ منہاج سراج رضیہ کے وقت کا خاص مؤرخ ہے۔ وہ اپنی کتاب طبقات ناصری کے اکیسویں طبقے میں رضیہ کے اوصاف اس طرح بیان کرتا ہے۔

۔-'بادشاہ بزرگ و عاقل و عادل و کریم و عالم نواز و عدل گستر و رعیت پرور و لشکر کش بود'۔

چند سطروں کے بعد منہاج لکھتا ہے۔

'چون از حساب مردان در خلقت نصیب نیافتہ بود' این ہمہ صفات گزیدہ چہ سود ش کند'۔

یعنی مرد پیدا نہیں ہوئی تھی اس لئے باوجود حکمران ہونے کے یہ تمام اوصاف حمیدہ اس کے کس کام کے۔ رضیہ سلطان التتمش کی بیٹی ہے۔ وہ اپنے بھائی رکن الدین فیروز کے بعد دہلی کے تخت پر ۶۳۴ھ یعنی ۱۲۳۶ء میں جلوہ افروز ہوئی۔ وہ ہندوستان کی مسلم خاتون حکمران تھی جس نے ۳۷-۶۳۴ھ یعنی ۴۰-۱۲۳۶ء تک حکومت کی۔ اس میں حکمرانی کے تمام اوصاف موجود تھے جو اس کے اعلیٰ تعلیم یافتہ ہونے کا ثبوت ہیں۔ منہاج اسے عاقل' عادل' کریم' عالم نواز' عدل گستر اور رعیت پرور ہونے کے ساتھ ہی لشکر کش بھی لکھتا ہے۔

آگے 'این ہمہ صفات گزیدہ چہ سود ش کند' بھی لکھ دیتا ہے۔ یہ ایک جملہ اس وقت تک کے پدر سری کے نظریے کو جاننے کے لئے کافی ہے۔ رضیہ ایک خاتون ہے۔ اسے کن حالات کا سامنا کرنا پڑا، اس پر ایک اجمالی نظر ڈالنا ضروری ہے، ملاحظہ فرمائیں:

۱۲۰۶ء سے لے کر ۱۲۹۰ء تک دہلی کے تخت پر تین زبردست بادشاہ جلوہ افروز ہوئے۔ قطب الدین ایبک' شمس الدین التتمش اور غیاث الدین بلبن۔ ان میں شمس الدین التتمش اپنی لیاقت کی بنا پر ممتاز نظر آتا ہے۔ رضیہ اسی باصلاحیت سلطان کی بیٹی ہے۔ اس کی معتبر تاریخ پیدائش تو نہیں معلوم ہاں کہیں کہیں ۱۲۰۵ء لکھا ملتا ہے لیکن تاریخ وفات ۱۴/ اکتوبر ۱۲۴۰ء بمقام کیتھل درج ہے۔

دیگر سلاطین کی مانند رضیہ کی تفصیلات نذر قلم نہیں کی گئیں لیکن اس کے خاندان کے ضمن میں اس کا ذکر آجاتا ہے۔ رضیہ کا باپ شمس الدین التتمش سلطان بننے سے قبل

ایک غلام کا غلام تھا لیکن اس نے اپنی ذہانت اور ہوشمندی کے سبب تقریباً ایک چوتھائی صدی ہندوستان پر حکومت کی۔ وہ وسط ایشیا کے البریٰ نامی ایک معزز ترک خاندان سے تعلق رکھتا تھا۔ اسکے حاسد بھائیوں نے اسے تاجر جمال الدین کے ہاتھوں فروخت کر دیا تھا۔ وہ اسے پہلے غزنین اور پھر دہلی لے آئے جہاں وہ قطب الدین کا غلام بنا۔ چونکہ اچھے خاندان سے تعلق رکھتا تھا لہٰذا اس کی ذہانت بچپن ہی سے عیاں تھی۔ ذہین ہونے کے ساتھ ساتھ وہ خوبرو بھی تھا۔ قطب الدین نے اس کی عمدہ تربیت کی۔ شمس الدین نے تیزی سے ترقی کی۔ اسے مختلف اہم امور سونپے گئے۔ یہاں تک کہ قطب الدین ایبک نے اپنی بیٹی اس کے عقد میں دے دی۔

۱۲۱۰ء میں جب اس نے تخت سنبھالا تب تک وہ ایک ہوشمند مدبر اور عمدہ ناظم کی حیثیت سے پہچانا جا چکا تھا۔ اسے غلامی سے آزادی کا پروانہ بھی مل چکا تھا۔ وہ دیندار 'سنجیدہ اور اعتدال پسند تھا۔ اس نے کئی اہم کارنامے انجام دئے۔ قطب الدین ایبک نے جو کام ناتمام چھوڑے تھے' شمس الدین التتمش نے انھیں پورا کر کے شمالی ہند میں ترکوں کی ایک مضبوط سلطنت قائم کر دی۔ اس نے محمد غوری کے فتح کئے ہوئے علاقے واپس لے لئے ساتھ ہی نئے علاقے جیسے راجپوتانہ اور موجودہ اتر پردیش کے شمالی علاقے حاصل کئے۔ اس طرح ترکوں کی سلطنت کا وقار پھر سے قائم کیا۔ منگولوں کے حملوں سے اس نے اپنی سلطنت کو بچائے رکھا۔ اس نے اپنے ترک حریفوں کو بھی مغلوب کیا اور ان سے اپنی سلطنت کی حیثیت منوائی۔ اس طرح اس کے تین کارنامے قابل ستائش ہیں۔

(۱)۔ اس نے ایک نوزائیدہ حکومت کو ختم ہونے سے بچایا۔

(۲)۔ سلطنت کو ایک قانونی حیثیت بخشی۔

(۳)۔ دہلی کے تخت پر اپنے خاندان کو دوامی بنانے کی کوشش کی۔

۱۲۲۹ء میں اسے خلیفہ المستنصر باللہ کی جانب سے ایک خلعت بھی عطا ہوئی جو اس بات کا مظہر ہے کہ اس کی حکومت کو مذہبی جواز بھی حاصل تھا۔

شمس الدین التتمش اپنے بڑے بیٹے ناصر الدین محمود کو بہت عزیز رکھتا تھا۔ ۱۲۲۹ء میں جب خلیفۂ بغداد نے التتمش کو خلعت سے نوازا تو اس کے فوراً بعد ناصر الدین محمود کا انتقال ہو گیا۔ یہ وہ وقت تھا جب عالی مرتبت لوگ سلطان کی جانب سے ایک وارث کے اعلان کے منتظر تھے۔ ان حالات میں حکومت کے جانشین کی نامزدگی کا مسئلہ اٹھ کھڑا ہوا۔ اس کا دوسرا بیٹا فیروز غیر ذمہ دار' کاہل اور عیش پرست تھا۔ باقی بیٹے کمسن تھے۔ ایسے میں اس کی نظر انتخاب رضیہ پر پڑی۔ وہ رضیہ کی صلاحیت سے مطمئن تھا۔ رضیہ نے اپنی زندگی کے شب و روز کوشک فیروزی میں ترکان خاتون کے ساتھ گزارے تھے۔ لہٰذا التتمش کی نگاہ اس کی نقل و حرکت پر ہوتی تھی۔

التتمش جب گوالیار کی مہم پر روانہ ہوا تو اس نے دہلی کا نظام رضیہ کے ہاتھوں سونپا تھا۔ رضیہ نے اپنی ذمہ داری بہت عمدگی سے نبھائی تھی۔ ۱۲۳۲ء میں التتمش گوالیار سے لوٹا تو اس نے تاج الملک محمود دبیر کو حکم دیا کہ وہ ایک فرمان تیار کرے کہ التتمش رضیہ کو ولیعہد نامزد کرتا ہے۔ جب یہ فرمان تیار ہوا تو امراء نے التتمش کی بیٹی رضیہ کے ولیعہد نامزد ہونے پر اعتراض جتایا۔ چند نے تو سلطان کو سمجھایا بھی کہ چونکہ حضور کے پاس نوجوان بیٹے ہیں جو بادشاہت کے لائق ہیں تو پھر بیٹی کو ولیعہد نامزد کرنے کا کیا مقصد؟ التتمش کا جواب تھا کہ اس کے بیٹے ملکی امور کے انتظام کی صلاحیت نہیں رکھتے اور بیٹی رضیہ ان سے کہیں زیادہ لائق و فائق ہے۔

منہاج سراج طبقات ناصری میں شمسیان ھند کے تحت یوں رقم طراز ہے۔

"وچون سلطان درناصیۂ او آثار دولت وشہامت میدید، اگرچہ دختر بود و مستورہ بعد آنکہ از فتح کالیور مراجعت فرمود، تاج الملک محمود دبیر را رحمہ اللہ، کہ مشرف مملکت بود فرمان داد: تا اوراولایت عہد نبشت وولیعہد سلطنت کرد، ودروقت نبشتن آن فرمان، بندگان دولت کہ بحضرت سلطنت او قربتی داشتند، عرضہ داشت کردند: کہ باوجود پسران بزرگ کہ سلطنت راشایانند، دختر راپادشاہ اسلام وولیعہد میکند، چہ حکمت است؟ ونظر پادشاہانہ برچہ معنی است؟ این اشکال راازخاطر بندگان رفع فرماید، کہ بندگان رااین معنی لایق نمی نماید۔ سلطان فرمود: کہ پسران من بعشرت وجوانی مشغول باشند، وہیچکدام تیمار مملکت ندارند واز ایشان ضبط ممالک نیاید شمارا بعد از فوت من معلوم گردد کہ ولیعہد را ہیچ یک لایق تر از ونباشند۔"

یہاں ایک نکتہ غور طلب ہے کہ جہاں ایک طرف امراء نے تنگ نظری کا مظاہرہ کرتے ہوئے رضیہ کی صلاحیتوں پر شک کیا وہیں دوسری طرف التتمش کا یہ جرائت مندانہ قدم ہے۔ اس سے اس کی وسیع النظری اور تمام سماجی ممنوعات سے آزادی کا اظہار ہوتا ہے۔ اس موقعہ پر ایک سکہ بطور یادگار ڈھالا گیا اور التتمش کے نام کے ساتھ اس پر رضیہ کا نام بھی لکھا گیا۔ التتمش اپنی آخری سرحدی مہم سے واپسی پر شدید بیمار پڑ گیا اس لئے وہ رکن الدین فیروز کو لاہور اپنے ساتھ لیتا آیا۔ چونکہ اس کے بڑے بیٹے ناصر الدین محمود کا انتقال ہو چکا تھا اس لئے لوگوں کی نگاہیں رکن الدین فیروز پر ٹکی تھیں۔ اسی موقعہ پر ایک چاندی کا سکہ جاری کیا گیا جس پر التتمش کے ساتھ اس کے دوسرے بیٹے فیروز کا نام بھی لکھا گیا۔

التتمش کی موت کے فوراً بعد امراء خاص طور سے صوبائی افسروں نے رکن الدین فیروز کو تخت پر بٹھایا۔ اس کی ماں شاہ ترکان ایک ترکی کنیز تھی اور سلطان کے حرم کی

سردار بھی۔ رکن الدین کے تخت نشین ہونے پر اس نے ریاست کے معاملات اپنے ہاتھ میں لئے اور من مانی کرنی شروع کر دی۔ جس کے سبب تمام سلطنت میں لاقانونیت پھیل گئی۔ شاہ ترکان کے ساتھ رضیہ کے تعلقات کشیدہ تھے۔ دراصل شاہ ترکان رضیہ کے قتل کا ارادہ رکھتی تھی۔ ان حالات میں رضیہ نے اپنی ذکاوت اور تدبر کا مظاہرہ کیا۔ اس نے سرخ لباس پہنا اور دہلی کے لوگوں سے جو اس وقت فرض نماز کی ادائیگی کے لئے مسجد میں جمع تھے، براہ راست اپیل کی کہ وہ اسے شاہ ترکان کی سازشوں سے بچائیں۔ اس زمانے میں سرخ لباس مظلوم انصاف کا مطالبہ کرنے کے لئے پہن لیا کرتے تھے۔

رضیہ کی اپیل پر مجمع نے محل پر حملہ کر دیا اور شاہ ترکان کو قید کر دیا۔ فیروز اس وقت دہلی سے باہر تھا۔ جب وہ دہلی لوٹا تو اس دوران شاہ ترکان سے خفا امراء رضیہ کے وفادار بن چکے تھے۔ رکن الدین کو گرفتار کر لیا گیا۔ ۱۸ / ربیع الاول ۶۳۴ھ مطابق 19 / نومبر ۱۲۳۶ء اس کی چھ ماہ اور اٹھائیس دن کی ناکام حکومت کے بعد اسے قتل کر دیا گیا۔

رکن الدین کے قتل کے بعد رضیہ دہلی کے تخت کی مالک ہوئی۔ اسے دہلی کے عوام کی زبردست حمایت حاصل رہی۔ رضیہ نے لوگوں سے کہا کہ اگر وہ ان کی توقعات پر پوری نہیں اترتی تو انھیں حق ہے کہ وہ اسے حکومت سے بے دخل کر دیں۔ اس طرح تخت نشینی کو اس نے ایک معاہدے کی شکل دے دی۔ عوام نے ایک عورت کو اپنا حکمران تسلیم کر لیا۔ منہاج سراج اسے سلطان رضیۃ الدنیا و الدین بنت السلطان لکھتا ہے۔۔ نیلسن کے مطابق سکوں پر بھی رضیہ کو سلطان جلالۃ الدنیاوالدین یا پھر سلطان المعظم رضیۃ بنت السلطان درج ہے۔ ہندوستان کی یہ زبردست خاتون حکمران تھی۔ قرآن میں ملکہ سبا کا ذکر آیا ہے۔ ترکی اور ایران کی تاریخ میں ایسی کئی مثالیں موجود ہیں جب خواتین نے زمام اقتدار اپنے ہاتھ میں لی۔ مثلاً گور خان ختائی کی بیوہ اور اس کی بیٹی

کونیک خاتون، حلب کی صفیہ خاتون، مصر کی شجرۃ الدر وغیرہ لیکن ہندوستان کے تناظر میں یہ ایک جرأت مندانہ قدم تھا۔ لین پول ایسی عورتوں کا تذکرہ اس طرح کرتا ہے۔۔۔

"The only three women who were ever elected to the throne in the Mohammadan East 'reigned in the thirteenth century Shajar-ad-Durr, the high spirited slave wife of Saladin,s grand nephew ,the woman who defeated the crusade of Louis ix and afterwards spread the saintly hero,s life, was queen of the Mamluks in Egypt in 1250 A.D. Abish the last of the princely line of Salghar, patrons of Sadi ruled the great province of Fars for merely a quarter of a century during the troubled period of Mongol suprimacy. Razia ,the daughter of Iltutmish was less fortunate. She was endowed with all the qualities , befitting a king, but she was not born a man."

بزم مملوکیہ میں تاریخ فرشتہ کے حوالے سے لکھا ہے کہ رضیہ سلطان ایسے تمام اوصاف سے مزین تھی جو ایک عاقل اور صاحب رائے بادشاہ کے لئے ضروری ہیں۔ اصحاب نظر اس میں سوائے اس کے کہ وہ ایک خاتون تھی اور کوئی عیب نہیں پاتے۔ وہ قرآن مجید پورے آداب کے ساتھ پڑھتی تھی۔ دوسرے علوم سے بھی آگاہی رکھتی تھی۔ اپنے باپ کے زمانے سے ہی ملکی معاملات میں دخل دیتی اور فرمانروائی کیا کرتی تھی۔ سلطان اس کی عقل و فراست اور فرزانگی دیکھ کر مانع نہ ہوتا۔۔۔ ان سب کے باوجود جب تخت نشینی کی باری آئی تو اس کے نااہل بھائی کو ترجیح دی گئی۔ رضیہ کی مدت کار تین برس سے کچھ زیادہ ہے۔ اس کے عہد کو اس طرح پیش کیا جاتا ہے گویا یہ مدت صرف انتشار میں گزری۔

رضیہ کو پہلی مشکل اس وقت پیش آئی جب التتمش کے مشہور وزیر نظام الملک جنیدی نے اس کی تخت نشینی کو منظور کرنے سے انکار کر دیا۔ اسے کئی طاقتور امراء کی حمایت حاصل تھی اور اس کے حوصلے بلند تھے۔ اس نے ایک محاذ بنا کر دہلی کا رخ کیا۔

رضیہ کو چونکہ عوام کی حمایت حاصل تھی اس لئے وہ کامیاب نہ ہو سکا۔ یہ باغی دہلی کے اطراف میں موجود رہے اور مستقل خطرہ بنے رہے۔ رضیہ نے عقل و تدبر سے کام لیا اور تمام سرکش عناصر کو یا تو ختم کر دیا یا ان پر مکمل قابو پا لیا۔ اس کے بعد اس نے انتظامیہ کی تشکیل نو کی۔ تھوڑے ہی عرصے میں دیبل سے لکھناوتی تک کے امراء نے اس کے اقتدار کو تسلیم کر لیا۔

رضیہ نے تخت نشین ہونے کے فوراً بعد فوجی افسران اور مختلف اقطاع کے لئے گورنر بحال کئے اور ساتھ ہی شاہی دربار کے افسروں کو بھی۔ اس سے فارغ ہو کر اس نے تمام اقتدار پر اپنا کنٹرول رکھنے کی کوشش کی۔ وہ اب پردے سے باہر آ گئی۔ ابھی تک جب وہ دربار لگاتی تھی تو درباریوں اور عوام سے ایک پردے سے الگ کر دی جاتی تھی۔ محافظ خواتین اس کے ارد گرد کھڑی رہتیں اور اس کے بعد اس کے خون کے رشتے کے لوگ۔ ان سب کو الگ ہٹا اب وہ براہ راست اپنے دربار کو مخاطب کرتی۔ وہ ہاتھی پر سوار ہو کر باہر نکلتی اور مرد حکمرانوں کی طرح تمام معاملات انجام دیتی۔ اس نے اہم عہدوں پر غیر ترکوں کا تقرر کر کے ترکی شرفاء کو ناراض کر دیا۔ وہ اندر ہی اندر اسے تخت سے اتارنے کا منصوبہ بنانے لگے کیونکہ احسان مندی ترکوں کا شیوہ نہ تھی۔ ابتگین اور اختیار الدین التونیہ جیسے بڑے افسروں نے رضیہ کے خلاف سازش رچی جس کی بڑی وجہ یہ تھی کہ اس نے ایک حبشی جمال الدین یاقوت کو بڑا عہدہ دے دیا تھا۔

رضیہ جب ۱۳ / اپریل ۱۲۴۰ء کو کبیر خان کے معاملات نپٹا کر دہلی واپس لوٹی تو اسے التونیہ کی بغاوت کا پتہ چلا۔ اس سازش کو فرو کرنے کے دوران یاقوت کا قتل ہوا اور رضیہ کو گرفتار کر تبرہند کی جیل میں ڈال دیا گیا۔ اب سازشیوں نے دہلی کے تخت پر ایک خاتون کی جگہ معز الدین بہرام کو بٹھا دیا۔ معز الدین نے سب سے پہلے ابتگین کو ختم کیا

اور اس کے بعد التونیہ کی باری تھی۔ رضیہ نے صورت حال کا فائدہ اٹھایا اور التونیہ سے شادی کرلی۔ یہ ایک ایسا رشتہ تھا جو دونوں کے لئے فائدے کا سودا تھا۔ رضیہ نے اس رشتے کے ذریعے اپنی قید سے آزادی کی توقع کی تھی اور التونیہ نے اسے اپنی ترقی کا ذریعہ سمجھا تھا۔ ماہ ربیع الاول ۶۳۸ھ میں سلطان معز الدین بہرام ان لوگوں کے خلاف ایک فوج لے کر دہلی سے روانا ہوا۔ رضیہ اور التونیہ کو شکست ہوئی۔ پسپا ہو کر جب وہ لوگ کیتھل پہنچے تو رضیہ کے سپاہیوں نے اس کا ساتھ چھوڑ دیا حالانکہ سارے سپاہی دشمنوں کے ہاتھوں قتل ہوئے۔

اس کے دوسرے دن رضیہ بھی شہید ہوگئی۔ رضیہ نے نسلی بنیاد پر کھڑے ہو جانے والے محاذ سے شکست کھائی۔ اس کے زوال کی دوسری وجہ اس کا خاتون ہونا تھا۔ یہ دشواری اس کے دل و دماغ کی پوری صلاحیتوں کے آزادانہ عمل کی راہ میں رکاوٹ بن جاتی تھی۔ رضیہ کی ہوش مندانہ تدبیروں سے اس کا وقار دنوں دن بڑھ رہا تھا۔ اس کی قلمرو وسیع ہو رہی تھی لیکن امراء ایک مضبوط اور مطلق العنان حکمران کو تخت پر دیکھنا پسند نہیں کرتے تھے۔ وہ تمام اختیارات اپنے ہاتھ میں رکھنا چاہتے تھے۔ اس لئے وہ رضیہ کی مخالفت پر اتر آئے تھے۔

مذہبی طبقہ رضیہ کو اس لئے ناپسند کرتا تھا کہ وہ مردانہ لباس پہنتی، گھوڑ سواری کرتی اور خود دربار میں موجود رہتی اور اپنی حکومت کو مضبوط اور مستحکم بنانے کی کوشش کرتی۔ اس نے فقط ساڑھے تین برس حکومت کی اور اس قلیل مدت میں اس نے خود کو ایک غیر معمولی کامیاب حکمران ثابت کر دیا۔ وہ دہلی کے تخت پر جلوہ افروز ہونے والی ایسی خاتون تھی جو دلیر اور بہادر ہونے کے علاوہ کامیاب سپاہی بھی تھی۔ سیاسی سازشوں اور جوڑ توڑ میں بھی مشاق تھی۔ اس کی وجہ سے ہندوستان میں ترکوں کی سلطنت کا وقار بڑھا۔ اس

نے تخت و تاج کی منزلت بڑھا کر اسے مطلق العنان بنا دیا اور اپنے حکم کو امراء و ملوک پر نافذ کیا۔ قطب الدین خود کو امراء کا محض قائد سمجھتا تھا۔

التتمش اپنے امراء کے سامنے تخت پر بیٹھنے میں جھجھکتا۔ رضیہ سے پہلے اور اس کے بعد بھی التتمش کے خاندان کے افراد اپنے کردار اور شخصیت کے لحاظ سے کمزور تھے لیکن رضیہ اپنی صلاحیت اور لیاقت کی بنا پر سلطنت دہلی کی سیاست پر حاوی رہنے کی کوشش کرتی رہی۔ طبقات ناصری کا مصنف ہمیشہ اسے سلطان لکھتا ہے۔ وہ اسے جلیل القدر، عاقل، عادل، کریم، عالم نواز، عدل گستر، رعیت پرور اور لشکر کش حکمران بتاتا ہے۔ وہ رضیہ کو عالم نواز تو کہتا ہے لیکن اس کے حالات کے ضمن میں علماء و فضلاء کا ذکر نہیں کے برابر کرتا ہے۔ جب کہ التتمش کا دربار اہل علم و فضل کا گہوارہ تھا۔ تاج الدین ریزہ جیسا مشہور شاعر رکن الدین کے دربار سے وابستہ تھا'اس کے یہاں رضیہ کے تعلق سے کچھ بھی دستیاب نہیں جب کہ رضیہ کے بعد تخت نشین ہونے والے رضیہ کے بھائی معزالدین بہرام (۶۳۷ھ تا ۶۳۹ھ) کی شان میں کہا گیا قصیدہ موجود ہے، ملاحظہ فرمائیں۔

زہی در شان تو منزل ز لوح سلطانی
ببین در رایت شاہی، علامات جہانبانی
معزالدین والدنیا، مغیث الخلق بالحقی
سلیمان سانت در فرمانست ہم انسی و ہم جانی
اگر سلطانی ہند است، ارث دودۂ شمسی
بحمد اللہ ز فرزندان، توئی الشمس راثانی
چو دیدندت ہمہ عالم کہ بر حق وارث ملکی
درت را قبلہ گہ کردند، ہم قاصی و ہم دانی

چو منہاج سراج اینست خلقان را دعای تو
کہ یارب بر سریر ملک و دولت جاودان مانی

ظاہر ہے رضیہ سلطان تو تھی مگر ایک خاتون بھی تھی اس لئے اس کی مدح سرائی کا جواز نہیں بنتا تھا۔ ذرا سوچئے کیا آج اکیسویں صدی میں خواتین رضیہ جیسے کرب سے نجات پا سکی ہیں؟

https://www.taemeernews.com/2022/03/razia-sultan-prominent-female-ruler-of-india.html

***

بیگم حضرت محل: جنگِ آزادی میں انگریزوں سے لوہا لینے والی مجاہد

پرویز اشرفی

۱۵/اگست جب آتا ہے ہم اپنی تاریخ کا جائزہ لیتے ہیں۔ ہندوستان میں انگریز سوداگر کی حیثیت سے آئے تھے۔ تجارت کے پس پردہ ایسٹ انڈیا کمپنی نے پورے ہندوستان پر قبضہ کر لیا تھا۔ جیسے جیسے مغلیہ سلطنت کا سورج چھپنے لگا، سات سمندر پار سے آئے ان تاجروں کے سائے بھی لمبے ہونے لگے۔ انیسویں صدی کے نصف اول میں دہلی اور اودھ کی حکومتوں کا خاتمہ ہوگیا اور ملک آتش فشاں کی مانند اندر ہی اندر دہکنے لگا۔

انگریزوں نے ہر محاذ پر ظلم و تشدد کا بازار گرم رکھا تھا۔ غلامی کی زنجیروں میں جکڑا ہر ہندوستانی اسے توڑنے کی جدوجہد کر رہا تھا۔ آخر کار ۱۵/اگست ۱۹۴۷ء کو وہ سنہرا دن آیا جب غلامی کی کڑیاں ٹوٹ کر بکھر گئیں اور ملک نے آزادی کا سورج دیکھا۔ ہم ہر سال جس آزادی کا جشن مناتے ہیں اس کے حصول میں ہر ہندوستانی نے بیش قیمت قربانی دی ہے۔ ملک کے چپے چپے کو اپنے خون سے سرخ کر دیا ہے، بالخصوص مسلمانوں نے ملک کی آزادی کے لیے جس بے جگری سے اپنا خون بہایا ہے، اس کی مثال تاریخ میں شاید ہی

کہیں ملے۔

ایک جانب علمائے دین اور عوام الناس کی لمبی قطار ہے تو دوسری طرف مسلم خواتین کا ایک بڑا لشکر بھی ہے۔ بیگم حضرت محل، زینت محل، آبادی بیگم المعروف بی اماں، زلیخا بیگم (بیگم مولانا ابوالکلام آزاد)، سبز پوش خاتون، عزیزن (جھانسی کی گمنام شہید) خدیجہ بیگم، زبیدہ بیگم، اصغری بیگم، منیرہ بیگم، کنیز سیدہ بیگم اور ان کے علاوہ لمبی فہرست ہے۔

ان خواتین کی ملک کے لیے دی گئی قربانی نئی نسلوں کے لیے مشعل راہ ہے اور جن کا تاریخ میں تذکرہ ملتا ہے۔ ان خواتین مجاہد آزادی نے ایک زندہ قوم میں حرارت باقی رکھنے میں نمایاں کردار ادا کیا ہے۔ انھوں نے جدوجہد آزادی اور فرقہ وارانہ ہم آہنگی کی خاطر اپنی بے لوث خدمت سے قوم وملت کا سر فخر سے بلند کر دیا ہے۔ بیگم حضرت محل ان چنندہ خواتین میں سے ایک ہیں جن کی شجاعت فن سپہ گری، عسکری حکمت عملی اور ملک و قوم کے لیے بے لوث جذبہ ایثار تاریخ کے سنہرے ورق میں تا قیامت محفوظ رہیں گے۔

۱۸۵۷ء کی جنگ آزادی میں یوں تو بہت سی خواتین مجاہد آزادی کے نام سے تارت کے اوراق میں درج ہیں لیکن اودھ کی بیگم حضرت محل کا نام سب سے نمایاں اور روشن ہے۔ تاریخ نے اس مجاہد آزادی کی عسکری صلاحیتوں کو فراموش کرنے کی کوشش کی ہے لیکن انھوں نے اپنی قائدانہ صلاحیت اور جنگی حکمت عملی سے یہ ثابت کر دیا کہ وہ محض محل کے حرم سرا میں مقیم ایک خاتون نہیں بلکہ ایک جری، بہادر اور شجاعت سے سرشار ایک سپاہی بھی تھیں۔ بیگم حضرت محل وہ پرعزم عورت تھیں جس نے نہ صرف انگریزوں سے مزاحمت کی بلکہ طویل عرصے تک انگریزوں کو ناکوں چنے چبانے پر مجبور

کر دیا تھا۔

بیگم حضرت محل کا نام امراؤ بیگم تھا۔ واجد علی شاہ نے انھیں "بیگم حضرت محل" کا خطاب دیا۔ وہ بڑی بہادر منتظم، روشن دماغ، دور اندیش اور محب وطن خاتون تھیں۔ ان کی اعلی صلاحیتوں کا اقرار انگریز مورخوں نے بھی کیا ہے۔ مستقل دو سال تک ملک کے باہری اور اندرونی دشمنوں سے جنگ کرتی رہیں۔ بیگم حضرت محل کے متعلق عظیم مجاہد آزادی جناب فضل حق خیر آبادی نے کہا ہے "بیگم حضرت محل نواب واجد علی شاہ کی بیگمات میں سب سے زیادہ ذہین، بہادر اور دور اندیش خاتون تھیں۔ کہتے ہیں کہ ان کے جسم سے خوشبو پھوٹتی تھی، وہ جدھر سے گزر جاتیں خوشبو بکھر جاتی تھی لہذا" مہک پری" کے نام سے بھی مشہور ہوئیں۔"

میرٹھ میں بغاوت ہونے کے بعد جب اس کے شعلے لکھنو پہنچے تو بیگم حضرت محل نے واجد علی شاہ کی موجودگی میں اپنی سپاہیانہ صلاحیتوں کا وہ مظاہرہ کیا کہ انگریزوں کے دانت کھٹے ہو گئے۔ بیگم حضرت محل کی اس درجہ شجاعت دیکھ کر یہ کہنا مشکل ہو گیا کہ وہ ایک عام عورت تھیں۔ ڈاکٹر ابرار رحمانی کے مطابق شیخ تصدیق حسین اپنی کتاب "بیگمات اودھ" میں رقم طراز ہیں:

"۱۸۵۷ء میں جب انگریزوں کے خلاف غم و غصہ کی لہر پیدا ہوئی تو فوج نے برجیس قدر کو بتاریخ ۲/ ذی قعدہ ۱۲۷۳ھ مطابق ۵/ جولائی ۱۸۵۷ء میں اپنا بادشاہ قرار دے کر انگریزوں سے مقابلہ کیا۔ برجیس قدر اس وقت صرف گیارہ برس کے تھے، اس لئے کل امور سلطنت بیگم حضرت محل انجام دیتی تھیں۔ اس وقت وہ جو لکھی کوٹھی میں رہتی تھیں وہیں ان کا دربار لگتا تھا۔"

ایک اور نقطہ نظر سے دیکھا جائے تو دہلی کی ملکہ زینت محل کی بہ نسبت حضرت محل

زیادہ دور اندیش ثابت ہوئی ہیں۔ پیش ہے ان دونوں کا ایک تقابلی جائزہ:

ا۔ زینت محل اپنے شوہر بہادر شاہ ظفر کو بغاوت کی کمان سنبھالنے پر آمادہ کرتی ہیں تو دوسری طرف اودھ کی بیگم حضرت محل نے انگریزوں سے میدان جنگ میں لوہا لیا۔

۲۔ زینت محل انگریزوں کی مخالفت اس لئے کرتی ہیں کہ انگریزوں نے ان کے بیٹے جواں بخت کو ولی عہد نہیں بنایا، اسی وجہ سے وہ بہادر شاہ ظفر کو علم بغاوت بلند کرنے پر اکساتی رہیں، جب کہ بیگم حضرت محل نے سیاست کے ایک ماہر کھلاڑی کی طرح اپنے بیٹے برجیس قدر کو تخت نشیں کیا اور خود انگریزوں کے خلاف نبرد آزما ہو گئیں۔ ان کی فوج میں دہلی سے لوٹے جنرل بخت خاں بھی شامل ہو گئے۔

۳۔ ۲۲ / نومبر ۱۸۵۷ء کو بیگم زینت محل نے خود کو اور بہادر شاہ ظفر و دوسرے متعلقین کو ہمایوں کے مقبرے میں انگریزوں کے سپرد کر دیا، اس امید پر کہ شاید انگریز جواں بخت کو بادشاہ بنادے۔ دوسری جانب لکھنو میں ایک سال کی طویل جنگ کے بعد شکست سے دوچار ہو کر بیگم حضرت محل نے خود سپردگی نہیں کی بلکہ اپنے بیٹے کو لے کر نیپال ہجرت کر گئیں۔ اسی کے ساتھ تاریخ کا ایک اہم واقعہ یہ بھی ہے کہ جس میجر ہڈسن نے بہادر شاہ ظفر کے تین شہزادوں کو قتل کر کے ان کا خون پیا تھا، اس میجر ہڈسن کو لکھنو پہنچتے ہی بیگم حضرت محل نے اپنی جنگی حکمت عملی کا ثبوت دیتے ہوئے گرفتار کر کے پھانسی پر لٹکا دیا تھا۔

حال ہی میں بہار کے ایک اردو روزنامہ میں انگریزی اخبار کے حوالے سے بیگم حضرت محل کے مقبرہ کے حال زار کی جو تفصیلات بیان کی گئی ہیں وہ قابل افسوس ہی نہیں بلکہ شرمناک بھی ہیں۔ رپورٹ میں بتایا گیا ہے کہ تاجدار اودھ نواب واجد علی شاہ کی بیگم حضرت محل کا مزار کاٹھمنڈو کے باغ بازار چوک میں نیا پارک کے قریب آج بھی موجود

ہے مگر وہاں شہر بھر کی غلاظتیں پھینکی جاتی ہیں۔ لوگ رفع حاجت کے لیے وہاں جاتے ہیں، شراب کی خالی بولیں پھینکی جاتی ہیں۔ آس پاس کے لوگ اپنے گھروں کا کوڑا کرکٹ بھی وہاں ڈال جاتے ہیں۔ شاید کاٹھمنڈو (نیپال) کے لوگوں کو اس کی واقفیت نہیں ہے کہ وہ جس جگہ گندگی اور کوڑا کرکٹ پھینک رہے ہیں وہ ایک ایسی مجاہد آزادی کا مدفن ہے جس نے جھانسی کی رانی کی طرح ہندوستان کی آزادی کے لیے بڑی قربانی دی ہے۔ اگر سیاسی اور لالچی لوگوں نے غداری نہ کی ہوتی تو ملک کی تاریخ آج کچھ اور ہوتی۔

ہجرت کر کے نیپال چلے جانے کے بعد کاٹھمنڈو میں ہی مستقل رہائش اختیار کر لی اور وہیں ۱۸۷۹ء میں اس دار فانی سے کوچ کیا۔ اسی شہر میں ان کی تدفین ہوئی۔ یہ کہنا کہ حکومت نیپال کو اس کا علم نہیں ہے کہ باغ بازار میں کون دفن ہے، یقین میں نہ آنے والی بات ہے، اس لیے کہ اس وقت کے طاقت ور وزیر اعظم جنگ بہادر رانا نے بیگم حضرت محل کی ہر طرح مدد کی تھی۔ اس کی تفصیلات سرکاری ریکارڈ میں یقیناً محفوظ ہوں گی۔ ۱۸۵۷ء کی جنگ آزادی کی ڈیڑھ سو سالہ تقریبات منائی جا رہی ہے۔ مگر اس کے شور میں بیگم حضرت محل کی بے لوث قربانیوں کو بھی یاد رکھنا ہوگا۔ ان کے مدفن کے متعلق جو اطلاعات موصول ہوئی ہیں ان کی بنیاد پر یہ مطالبہ حق بجانب ہوگا کہ حکومت ہند اس کی تعمیر نو کے لیے حکومت نیپال سے رابطہ قائم کرے اور ایک شایان شان یادگار وہاں تعمیر کرائے۔ بیگم حضرت محل کو سچی خراج عقیدت یہی ہوگی۔

بیگم حضرت محل، جن کے بچپن کا نام امراؤ بیگم تھا کسی کی تاریخ میں ان کا اصل نام "محمدی بیگم" بھی تحریر ہے۔ ان کے والد کا نام غلام حسین اور شوہر کا نام نواب واجد علی شاہ تھا۔ وہ فیض آباد میں پیدا ہوئی تھیں۔ کہتے ہیں کہ ان کے جسم سے خوشبو پھوٹتی تھی، اس لئے ان کو "مہک پری" کا خطاب نواب واجد علی شاہ نے عطا کیا تھا۔ نواب اودھ کی

بیگمات میں سب سے زیادہ ذہین، بہادر اور دور اندیش خاتون تھیں۔ واجد علی شاہ نے دوران ولی عہدی ہی میں مہک پری سے عقد کرلیا۔ ماں بنتے وقت نواب وقت نے انہیں "افتخار النساء" کے خطاب سے نوازا۔ جب واجد علی خود نواب اودھ ہوئے تو انہوں نے حضرت محل کا خطاب دیتے ہوئے ان کی رہائش گاہ کے لئے قیصر باغ کے پیچھے بارہ دری کی طرف ایک خوبصورت مکان منتخب کیا۔

لارڈ ڈلہوزی نے ملک کی کئی ریاستوں پر بد عنوانی اور انتشار کا الزام لگا کر ان پر قبضہ کرلیا تھا۔ اس کے بعد اودھ کو بھی برٹش حکومت میں شامل کرنے کے لئے یہ الزام عائد کیا کہ وہ باغیوں کا ساتھ دے رہے ہیں۔ اس لئے ۱۵/ جنوری ۱۸۵۶ء کو ان کے محل کا محاصرہ کرلیا گیا تو اس کے خلاف زبردست احتجاج ہوا، جس کا مرکز ریاست اودھ بنا۔ ایسٹ انڈیا کمپنی کے تقریبا۷۵/ ہزار سپاہی جو اودھ کے علاقے کے تھے اپنے علاقے کو انگریزوں کے قبضے میں جاتے دیکھ بھڑک اٹھے اور پورا اودھ انگریزوں سے بد ظن ہوگیا۔ بادشاہ نواب واجد علی شاہ کو کلکتہ کے فورٹ ولیم کالج میں نظر بند کر دیا گیا۔ مٹیابرج میں نواب واجد شالی نے دوسرا لکھنو آباد کر دیا تھا۔

بیگم حضرت محل نے لکھنو چھوڑنے سے صاف انکار کر دیا۔ انہوں نے اپنی ذہانت سے دس سالہ اکلوتے بیٹے برجیس قدر کو اودھ کا نواب ہونے کا اعلان کر دیا اور ریاست کا نظم و نسق اپنے ہاتھ میں لے لیا۔ انہوں نے سب سے پہلے عام بھرتی کا اعلان کیا، کیونکہ پرانے سپاہی انگریزوں کے ماتحت ہوگئے تھے۔ نتیجہ یہ ہوا کہ اودھ کے باشندوں کو ایک قیادت مل گئی، اس طرح جنگ آزادی کی چنگاری میرٹھ، دہلی، آرہ کے ساتھ ساتھ اودھ میں بھی بھڑک اٹھی۔ خواتین نے بھی مردانہ لباس زیب تن کیا اور ہتھیار بند ہوکر انگریزوں سے لڑنے کے لئے میدان میں کود پڑیں۔ بیگم حضرت محل مردانہ لباس میں

سر پر پگڑی باندھے، ہاتھوں میں تلوار لئے گھوڑے پر سوار ہو کر خوانخوار شیرنی کی طرح گرجتی ہوئی انگریز سپاہیوں پر ٹوٹ پڑیں اور صفوں کی صفیں درہم برہم کر رہی تھیں۔ ان کی جاں بازی اور بہادری کا منظر دیکھ کر ڈبلیو ایچ، رسل نے اپنے ایک خط میں لکھا تھا:

" بیگم میں بڑی قابلیت اور ہمت دکھائی دیتی ہے۔ انھوں نے ہمارے ساتھ لگاتار جنگ کرنے کا اعلان کر دیا ہے۔ یہاں کی رانیوں اور بیگمات کی طاقت اور ہمت کو دیکھ کر معلوم پڑتا ہے کہ زنان خانے کے اندر رہ کر بھی یہ کافی عملی اور دفاعی طاقت اپنے اندر پیدا کر دیتی ہیں۔"

(بحوالہ: خواتین ہند کے تاریخی کارنامے۔ فضل حق عظیم آبادی)

ہسٹری آف انڈیا میں مارش مین رقم طراز ہے:

" لکھنؤ میں باغیوں نے جو مزاحمت کی وہ اتنی کی سخت تھی کہ کبھی انگریزی فوج کو سابقہ نہ پڑا تھا۔ یہاں تک کہ دہلی میں بھی اتنی سخت مزاحمت نہیں کی گئی۔ بیگم اودھ کی موجودگی نے باغیوں میں بلا کا جوش بھر دیا تھا۔ نہایت غیر معمولی مستعد اور سرگرم خاتون تھی۔"

مذکورہ جنگ گومتی ندی کے کنارے دائیں جانب موسی باغ میں لڑی گئی۔ یہ جنگ لکھنو میں انگریزوں کے ساتھ بیگم کی آخری جنگ تھی۔ ۷۵ / ہزار سپاہی شہید ہوئے، اس کے باوجود وہ ہمت نہیں ہاریں، مگر چند غداروں اور نمک حراموں کی وجہ سے انھیں شکست ہوئی۔ جزل اوٹرم نے ایک موقع پر بیگم حضرت محل کو صلح کی پیش کش کی، وہ لکھتا ہے کہ " کمپنی نواب شجاع الدولہ کے عہد کے مطابق ممالک محروسہ کو واپس کرنے اور کلکتہ سے نواب واجد علی شاہ کو واپس لانے پر راضی ہے، لہٰذا لڑائی موقوف کی جائے۔"

لیکن بیگم حضرت محل کو انگریزوں سے بہتر سلوک اور وعدہ وفا کرنے کی توقع نہیں تھی، لہذا انھوں نے اس شرط کو نامنظور کر دیا۔ انھوں نے راجا مان سنگھ کو فرزند خاص کا خطاب عطا کر کے ملک کی سلامتی اور آزادی کی بقا کے لیے جنگ لڑی۔ اس لیے بلا امتیاز مذہب و ملت بھی نے ساتھ دیا لیکن قسمت نے ساتھ نہ دیا۔ مکاروں اور دوست نما دشمنوں نے دغابازی کی۔ نتیجے کے طور پر بیگم کی کوٹھی پر بھی کئی دنوں تک جنگ ہوتی رہی۔ ایسے حالات پیدا ہو گئے کہ حضرت محل کو میدان چھوڑنے کی تدبیروں پر غور کرنا پڑا۔ یہ خبر مخبروں نے جنرل اوٹرم تک پہنچادی، تب اس نے صلح کی دوسری شرط پیش کرتے ہوئے لکھا:

"ہم آپ کا ملک آپ کو دیں گے، جنگ ترک کر دیجئے۔ فوج مغلوبہ کے ساتھ کہیں جانے کی ضرورت نہیں۔"

لیکن حضرت محل کی خودداری نے یہ پیشکش بھی ٹھکرادی۔ اب لکھنو پر انگریزوں کا مکمل قبضہ ہو گیا تھا، اس وقت بیگم حضرت محل کو دشمن نمبر (۱) قرار دیتے ہوئے بھی پچیس ہزار روپے سالانہ وظیفہ دینے کی پیش کش کی، اس کو بھی بیگم نے ٹھوکر مار دی اور ۱۶ مارچ ۱۸۵۸ء لکھنؤ سے روانہ ہو کر بونڈی چلی گئیں۔ اسی دوران ملکہ وکٹوریہ نے شاہی فرمان جاری کر کے ایسٹ انڈیا کمپنی کو ختم کر کے ہندوستان کی حکومت کو براہ راست تاج برطانیہ کے ماتحت کر لیا۔ اس کا اعلان نومبر ۱۸۵۸ء الہ آباد میں کیا گیا۔

بیگم حضرت محل بونڈی سے نیپال چلی گئیں تا کہ وہیں سے انگریزوں کے خلاف جنگ جاری رکھ سکیں۔ جس آسانی سے انگریزوں نے دلی پر قبضہ کر لیا تھا اس کے مقابلے میں لکھنو کی سرزمین نہایت سخت ثابت ہوئی۔ بہادر شاہ ظفر کو قید کرنے اور ان کے دو بیٹوں اور پوتے کو شہید کرنے والے ظالم کرنل ہڈسن کو گرفتار کر کے ۱۰/ مارچ ۱۸۵۸ء کو

پھانسی پر لٹکا دیا اور بہادر شاہ ظفر اور ان کے بیٹوں کے قاتل کو کیفر کردار تک پہنچایا۔ اس عمل سے انھوں نے ثابت کر دیا کہ ہندوستان کی شیر دل بیٹیاں ایسی ہی ہوتی ہیں۔

نویں صدی سے لے کر ۱۸۵۷ء تک ہندوستان میں ایک تہذیبی اختلاط پیدا ہوا اور اسی سے ایک گنگا جمنی تہذیب وجود میں آئی۔ نوابین اودھ نے ہندو مسلم اتحاد کو اولیت دی۔ تمام نوابین نے مسلمانوں کے ساتھ ہندوؤں کو بھی اعلی مناصب پر فائز کیا۔ ان کے رسم ورواج تہوار اور میلوں میں سرکاری امداد دی جاتی تھی۔ یہ روایت نواب واجد علی شاہ کے زمانے میں خوب پھلی پھولی اور ان روایتوں کو بیگم حضرت محل نے بھی خوب پروان چڑھایا۔ یہی وجہ تھی کہ جب بیگم حضرت محل نے انگریزوں کے خلاف اعلان جنگ کی تو ہندو راجاؤں نے متحد ہو کر بیگم کا ساتھ دیا اور انھیں "راج ماتا" کا درجہ عطا کیا۔

بیگم پر ہندو راجہ اس قدر بھروسہ کرتے تھے کہ وہ سب کے سب جان سے زیادہ انہیں چاہتے تھے۔ راجہ جی لال سنگھ نے تو اپنی جان بیگم حضرت محل پر قربان کر دی۔ جب بیگم نیپال جارہی تھیں تو شنکر پور کے راجا بینی مادھو کا لکر کے راجا ہنومنت سنگھ اور تلسی پور کے راجا "امر سنگھ "حضرت محل کے ساتھ نیپال کی سرحد تک گئے۔ بیگم حضرت محل کے ساتھ جن غیر مسلم راجاوں نے دیا ان میں جناب راجا ٹھاکر سنگھ ترویدی ، راجا ہر پرساد سنگھ بہادر ، مہاراجا ٹکیت رائے ، مہاراجہ ساگر منشی بہادر ، راجا کندن لال، راجا بال کشن اور راجا جسونت سنگھ کے نام قابل ذکر ہیں۔ راجا ہرش نے تو حضرت محل کے بیٹے برجیس قدر کو اپنا بھائی بنالیا تھا۔(بحوالہ وصی احمد نعمانی کے مضمون "ان کی قربانی کو بھی یاد کریں")

حضرت محل کی حکومت ہندو مسلم اتحاد کی ایک بڑی مثال تصور کی جاتی ہے۔ ان کی

فوج کی مختلف پلٹنوں کے کمانڈر بھی ہندو ہی تھے۔ مثلاً حضوری پٹن کے کمانڈر رام ٹھاکر سنگھ، برق پیٹ کے کمانڈر درگا بخش اور جرار پلٹن کے کمانڈر رگھوبیر تھے۔

اکیس سال تک نیپال میں رہنے کے بعد بیگم حضرت محل کی روح ۱۷/ اپریل ۱۸۷۹ء کو قفس عنصری سے آزاد ہوگئی اور مہک پری کی خوشبو سے ہندوستان ہمیشہ کے لیے محروم ہوگیا۔ کٹھمنڈو (نیپال) میں ہی ہندوستانی چوک کے پاس ان کی اپنی بنائی ہوئی مسجد اور امام باڑہ کے احاطے میں ان کو سپرد خاک کر دیا گیا۔ جہاں ہندوستان کی عظیم بیٹی ابدی نیند سو رہی ہے۔ ادھر برجیس قدر ماں کی زندگی تک نیپال میں رہے لیکن اس کے بعد ان کا دل وہاں سے اچاٹ ہوگیا۔ حکومت برطانیہ نے بھی کسی مصلحت کے تحت ان کا جرم معاف کر دیا اور وہ کلکتہ کے مٹیابرج علاقہ میں آ گیا۔ اس وقت تک واجد علی شاہ بھی رحلت فرما چکے تھے۔ برجیس قدر کا وظیفہ بھی مقرر ہوا لیکن اُن کے خاندان والے جو پہلے سے ہی واجد علی شاہ کے وارث بن کر وظیفے سے فائدہ اٹھا رہے تھے، برجیس قدر کے دشمن ہوگئے اور انھوں نے برجیس قدر کو زہر دے کر مار ڈالا۔

بیگم حضرت محل کی عظمت و کردار کا ذکر کرتے ہوئے ویر ساورکر نے لکھا ہے کہ:

"باہمت اور قابل قدر بیگم صاحبہ کا وجود اس افراتفری میں سارا نظام برقرار رکھنا ان کی لیاقت کا بین ثبوت ہے۔"

کارل مارکس نے لکھا ہے:

" حضرت محل اودھ کی بیگم نے ہندوستانی جدوجہد آزادی میں مجاہدین کی قیادت کی۔"

ولیم ہورڈ رسل نے اپنی کتاب "انڈین میوٹنی ڈائری" میں لکھا ہے کہ:

شاہی سپاہی اس سے پہلے کبھی بھی اتنی بہادری سے انگریزوں کے خلاف نہیں

لڑے۔۔ بیگم حضرت محل نے نہایت سمجھ داری کا ثبوت دیا۔ انھوں نے پورے اودھ کو اپنے بیٹے برجیس قدر کی حمایت میں کھڑا کر دیا اور سرداروں نے وفادار رہ کر بیگم کے لیے مرتے دم تک لڑتے رہنے کی قسم کھائی۔ ان بیگمات کے حوصلے سے ظاہر ہوتا ہے کہ یہ عورتیں ذہنی طور پر بہت طاقتور تھیں۔ مردانہ، ذہنیت پر بالادستی حاصل کرنے کی جدوجہد نے ان میں ایک نیا جوش عطا کیا۔"

وشوناتھ داس، سابق گورنر اتر پردیش نے لکھا ہے کہ "بیگم حضرت محل پر ہم بجا طور پر فخر کر سکتے ہیں۔ انھوں نے حرم شاہی کی ایک بیگم ہونے کے باوجود، وہ ہمت وشجاعت دکھائی کہ خاتون ہند کی روایت عظمت میں چار چاند لگ گئے۔"

بیگم حضرت محل کی ذات، طرز حکومت، تدبر، حکمت عملی، وسیع القلبی، شفقت، تمام مذاہب وعقائد سے ان کا دلی لگاو، ان کی اقدار کی حفاظت کرنے کا کام، یہ سب کچھ ثابت کرتے ہیں کہ آج جس ہندوستان میں قومی یکجہتی، بھائی چارے اور اتحاد کی بات کرتے ہیں وہ تو بیگم حضرت محل کے طرز حیات کا ایک حصہ تھا۔ اب ہماری ذمہ داری ہے کہ ہم ایسی ذات کو پڑھیں، سمجھیں، جانیں، یاد کریں اور ان کی شان کے مطابق دل کھول کر خراج عقیدت پیش کریں۔ یہی ان جاں باز سپاہیوں کے تئیں حق وفاداری کا اظہار ہوگا۔

https://www.taemeernews.com/2021/08/begum-hazrat-mahal-prominent-indian-freedom-fighter.html

***

میسور: خوابوں اور خواب زاروں کا شہر

ڈاکٹر طیب انصاری

میسور جسے خوابوں اور خواب زاروں کا شہر کہا جاتا ہے۔ اس شہر کو قدرت نے اپنی جلوہ سامانی کے ذریعہ وہ حسن عطا کی ہے جو دلوں کو موہ لیتا اور آنکھوں کو خیرہ کرتا ہے۔ یہاں کے تالاب، یہاں کے سبزہ زار، یہاں کے گلشن اور یہاں کی آب و ہوا نے اس شہر کو فردوس نظر بنا دیا ہے۔ خصوصاً برنداون گارڈن شہر میسور ہی کا نہیں پورے ہندوستان کے باغات کا سر تاج ہے بلا شبہ سری نگر (کشمیر) کے مغل گارڈنس، اپنی خوبصورتی اور شادابی کی وجہ سے شہرت رکھتے ہیں تاہم برنداون گارڈن کی شان ہی جداگانہ ہے۔ خصوصاً سر شام جب برقی قمقمے جگمگا اٹھتے ہیں تو لگتا ہے کہ کہکشاں ٹوٹ کر زمین پر آ رہی ہے۔

واقعی ریاست میسور کے وزیر اعظم سر مرزا اسماعیل اور یہاں کے وڈیار راجاؤں نے مل کر اس شہر کو بہت رنگین اور حسین بنا دیا ہے اس کی کشادہ سڑکیں، چوراہوں پر بنے راجوں کے مجسمے، برقی قمقمے، چمن بندی، آراستہ بازار، راجہ کا محل تو دسہرہ کے موقع پر بقعۂ نور بن جاتا ہے۔ میسور کا دسہرہ حیدرآباد اور لکھنو کے محرم کی طرح مشہور زمانہ ہے۔ للت محل، میوزیم، نندی ہلز اور ایسے کئی مقامات ہیں جو میسور کو قابل دید بنا دیتے ہیں میسور دکن میں ہندو خصوصاً کنڑا تہذیب کا ایک اہم مرکز ہے۔ یہاں کے حکمرانوں کی

فراخدلی اور وسیع النظری نے اس شہر کو بہشت ارضی میں تبدیل کر دیا۔

میسور اسلامی نقطہ نظر سے بھی ایک اہم شہر ہے۔ حیدر علی اور ٹیپو سلطان شہیدؒ کا دور گو بہت مختصر تھا لیکن ان بادشاہوں کی رعایا پروردی انسان دوستی اور اسلامی اقدار سے الفت نے میسور اور اس سے قریب واقع شہر سرنگا پٹنم کو اسلامی تہذیب کا جیتا جاگتا نمونہ بنا دیا۔ میسور علم و ادب اور شعر کا سرچشمہ ہے یہاں نامی گرامی شعراء و ادباء پیدا ہوئے حیدر علی اور ٹیپو سلطان کے دور حکومت میں علماء و فضلاء کی بڑی تعداد یہاں جمع تھی زبان فارسی کے ساتھ ساتھ زبان اردو کو ترقی حاصل ہوئی اور یہ کہ تاریخ جنگ آزادی میں سرنگا پٹنم اور میسور محاذ جنگ بن گئے تھے۔ ٹیپو سلطان کی شہادت نے اس شہر کو تاریخ ہند میں دوام بخشا۔ چنانچہ شہرۂ آفاق شاعر اقبال نے جب یہاں مزار ٹیپو پر حاضری دی تو کچھ دیر کے لئے وہ کھو سے گئے تھے۔ ان کا خراج آج بھی اقبال کی شاعری کا گراں قدر حصہ ہے۔ سچ تو یہ ہے کہ جس طرح آخری مغل تاجدار بہادر شاہ ظفر نے افواج ہند کی سالاری کی تھی اسی طرح ٹیپو سلطان نے بھی فرنگیوں کو ملک بدر کرنے کی ٹھان لی تھی۔ ایک ولولہ، ایک جوش تھا جو ٹیپو سلطان کے سینہ میں موجزن تھا اور وہ بھی اس کے سپاہ بھی انگریزوں کو ملک سے نکال باہر کرنے کا عظم مصمم کر چکے تھے چنانچہ فوجی پریڈ کے موقع پر جو نغمے گائے جاتے تھے آج بھی ان کی صدائے بازگشت حیدر و ٹیپو کی گنبد میں سنی جا سکتی ہے۔

ملک ہندوستان میں دین کا وہی سلطان ہے
غرق جس کے آب خنجر میں فرنگستان ہے
کیا ہے نسبت جاہ و حشمت میں سکندر سے تجھے
بارگاہ قدر کا دارا تر دربان ہے

دعا کرتا ہے ہر ایک مور جس وادی میں تو گزرے

فلک پر مہر ہے جب تک زمین پر ٹیپو سلطان ہے

جنگ آزادی میں تاجداران میسور نے جو حصہ ادا کیا ہے اس کے ذکر کے بغیر تاریخ ہند کے صفحات سادہ اور سفید سمجھے جائیں گے۔

اردو زبان و ادب کے فروغ میں میسور اور اہل میسور کا ناقابل فراموش حصہ رہا ہے یہاں گیارہویں صدی ہجری ہی سے اردو ادب کا سراغ ملتا ہے چنانچہ سقوط بیجاپور کے بعد اہل علم و کمال ہجرت کر کے یہاں میسور میں جمع ہوئے اور حضرت امین الدین علی اعلیٰ کے بیشتر مریدین و خلفا نے میسور اور اس کے اطراف و اکناف کے علاقوں میں بود و باش اختیار کی۔ ڈاکٹر حبیب النساء نے ریاست میسور میں اردو ادب کی نشو و نما میں اردو زبان و ادب کی تحریکات کا جامع اور محقق اردو سلیم تمغائی نے اپنے چیدہ چیدہ مضامین میں ان کا ذکر کیا ہے شاہ صدرالدین پر ڈاکٹر ہاشم علی کی تحقیق ایک اہم کارنامہ ہے اس طرح گیارہویں اور بارہویں صدی ہجری کے بعد سے آج تلک اردو کے کئی نامور ادیب اور شعراء یہاں پیدا ہوئے ہیں۔ عہد حیدر و ٹیپو کے بعد وڈیر خاندان کے خاتمہ حکومت میں بھی اور آزادی کے بعد شعراء اور ادباء کا ایک قافلہ ہے کہ رواں دواں ہے۔

عہد جدید کے شعراء اور ادباء کی فہرست بڑی طویل ہے یہاں کی بزم اردو اور انجمن ترقی اردو ہند فعال ادارے ہیں۔ بزم اردو کی بزم آرائیاں اقبال فرید اور رزاق افسر کی ذات سے عبارت ہیں۔ خلیل بے باک گو صحافی ہیں مگر شعر بھی موزوں کرتے ہیں اور تنظیمی کاموں سے بھی دلچسپی رکھتے ہیں۔ ان کا روزنامہ "کوثر" میسور کا معتبر اخبار ہے ان کے دم خم سے میسور میں اکثر مشاعرے منعقد ہوتے رہتے ہیں۔ جامعہ میسور میں مختلف کالجوں کے قیام کے بعد تو یہاں اردو کا چمن سدا بہار ہو گیا ہے۔

چنانچہ اساتذہ اردو میں پروفیسر خضر علی خان، پروفیسر عبد القادر سروری، ڈاکٹر حبیب النساء، پروفیسر حنیف کلیم، پروفیسر سراج الحسن ادیبی، پروفیسر میر محمود حسین، پروفیسر ٹی عبد القادر، پروفیسر مبارز الدین رفعت، پروفیسر ڈاکٹر ہاشم علی، ڈاکٹر قیوم صادق، ڈاکٹر مسعود سراج، محترمہ محمودہ خانم شبنم، پروفیسر عبد الرشید، محترمہ ثمینہ نیلوفر، ڈاکٹر جہاں آراء، ڈاکٹر جمیلہ بانو، ڈاکٹر پرجیس فاطمہ اور مہ جبیں صاحبہ نجم کے علاوہ ممتاز زرینہ اور شہناز قیوم نے باغ اردو کی آب یاری کی ہے۔ خصوصاً نوجوان اساتذہ میں سید منظور احمد ایک فعال اور متحرک شخصیت ہیں یہ انجمن ترقی اردو ہند میسور کے معتمد اور انجمن اساتذہ اردو جامعات ہند کے ریاست کرناٹک کے لئے کنوینر ہیں۔

سلیم تمنائی میسور کی ان ہستیوں میں شمار ہوتے ہیں جن کے نازک کندھوں پر اردو کا گراں بار بوجھ لادیا گیا ہے یہ وقف برائے اردو ہیں۔

سلیم تمنائی کی ویسے تو اردو زبان سب سے بڑی کمزوری ہے لیکن ان کی دوسری کمزوریوں میں شہر میسور اور سلطان ٹیپو بھی شامل ہیں۔ یہ عاشق میسور ہونے کے علاوہ عاشق ٹیپو سلطان بھی ہیں۔ ان کی دوسری اور بہت سی کمزوریاں ہیں میں ان کا ذکر یہاں نہیں کروں گا کہ میں ان کا دوست ہوں اسلئے یہ کہہ کر ٹال جاتا ہوں کہ آخر سلیم تمنائی بھی تو انسان ہیں اور کمزوریاں بشریت کا تقاضہ ہیں!

"ہمہ خاندان آفتاب است" کے مصدق یہ اور ان کا پورا خاندان اردو زبان کا شیدائی اور خدمت گزار رہے۔ ان کے چھوٹے بھائی نعیم اقبال خود بھی اچھے افسانہ نگار ہیں ان کی رشتہ کی بہن رفعت زہرہ اچھی ادیبہ ہیں اور تو اور ان کی نصف بہتر (میں ان کو سلیم تمنائی کی کمزوری نہیں کہوں گا) مجیبہ سلیم بھی اپنے ذوق سلیم کے لئے مشہور ہیں حد تو یہ ہے کہ ان کی نمبر ۲ دختر نیک اختر عذرا بھی اردو زبان کی خدمت کرتے ہوئے خوش

ہوتی ہیں۔ سلیم تمنائی کے الفاظ ہیں:

"پیاری بیٹی عذرا کا ایک پیا (وہ احسان کی قائل نہیں) اس طرح احسان بن گیا کہ کنڑی پر اردو اثر مضمون کے لئے کنڑی ادب سے بھی اردو الفاظ ڈھونڈ ڈھونڈ کر نکالے۔"

شاید بیٹی بھی باپ کے نقش قدم پر چل رہی ہے کیونکہ سلیم تمنائی بنیادی طور پر ہندی ادب کے طالب علم ہیں مگر خدمت کر رہے ہیں اردو زبان و ادب کی۔ اسی طرح عذرا اردو نہ جانتے ہوئے بھی اردو زبان کی خدمت کر رہی ہیں۔ لگتا ہے عذرا باپ پر گئی ہیں!

سلیم تمنائی اردو کے انشا پرداز بھی ہیں محقق بھی اور اس سے بھی بڑھ کر وہ اردو زبان کے یہ نقیب، اردو تہذیب کے نگہبان بھی ہیں۔ ان کو اردو زبان اور اردو والوں سے بے پناہ محبت ہے۔ ان کو اپنا خلوص نچھار کرنے کے لئے یہ کافی ہے کہ آپ اردو زبان کے ادیب شاعر ہیں۔ اپنی انشا پردازی اور تحقیق کی وجہ سے جہاں یہ ملک بھر میں جانے پہچانے جاتے ہیں۔ وہیں ارد و نوازی کے واسطے سے مہمان نوازی کے لئے دور دور کے اسکالرز، ادیب اور محقق ان کی ضیافت سے محظوظ ہوتے ہیں۔ مالی وسائل محدود ہیں لیکن اللہ نے ان دل بڑا دیا ہے اور اس دل میں درد بھی بڑا ہے اس لئے اپنے احباب کے لئے بچھ سے جاتے ہیں اپنے نازک کندھے پر کپڑے کی تھیلی لٹکائے یہ شہر بھر گھومتے پھرتے ہیں اور دیکھتے رہتے ہیں کہ اردو کہاں کہاں کسمپرسی کی حالت میں ہے اور کہیں نظر آجاتی ہے تو فوری مزاج پرسی کرنے لگتے ہیں۔

عزیز سیٹھ صاحب (سابق وزیر ریاست کرناٹک) ایم پی سے ان کے مخلصانہ مراسم رہے ہیں حضرت اسد پیراں، شاہد میسوری، نذیر احمد، نذیر محمد، خلیل بیباک، رزاق افسر، اور جانے کن کن سے ان کے اچھے برے روابط ہیں۔ بہر حال یہ سب کے آشنا اور سب

ان کے شناسائی ہیں۔ ان دنوں یہ انجمن ترقی اردو ہند (میسور) کے صدر ہیں حالانکہ ان کو کسی انجمن کی ضرورت نہیں، یہ اپنی ذات سے ایک انجمن ہیں محاورۃً نہیں واقعتاً اور جب سے انجمن کے صدر ہو گئے ہیں گھر کی کم اور انجمن زیادہ فکر کرنے لگے ہیں۔ ویسے بھی ان کو گھر سے کم ہی سروکار رہتا ہے۔ وہ تو غنیمت ہے کہ بھابی مجیبہ پڑھی لکھی اور ملازم ہونے کے باوجود گرہست خاتون ہیں۔ ان کے سلیقہ نے ان کی لڑکیوں سلمی اور عذرا کو بھی سلیقہ مند بنا دیا ہے۔

ہونہار بروا کے چکنے چکنے پات، حسنی چھوٹی لڑکی بھی بال و پر لائے گی اور خاندان کی ناک اونچی رکھے گی۔ شاید اپنی بیوی، صاحبزادوں اور صاحبزادیوں کی اسی ہوشمندی نے سلیم تمنائی کو گھر کی ذمہ داریوں سے بے نیاز رکھا ہے۔ مگر ایک بات یہ اپنے متعلقین کو چاہیں وہ بیوی یا بچے ہوں یا بہنیں بھائی محبت کی دولت سے مالا مال کرتے ہیں۔ بھلا بتائیے وہ شخص جو ہم ایسے غیروں کو اپنے حسن سلوک، مروت اور محبت سے گرویدہ بنالیتا ہے اور بے تکان خلوص کی دولت نچھار کرتا ہے وہ اپنوں کو کیسے محروم کر سکتا ہے۔ ویسے بھی سلیم تمنائی پیدائشی طور پر شریف زادہ ہیں۔ ان کا سلسلہ نسب حضرت عبدالقادر جیلانیؒ سے ملتا ہے اور ان کے جد حضرت دودھ پیرؒ نے علاقہ میسور میں تبلیغ دین کے فریضہ کو انجام دیا ہے اولیائے میسور میں ان کا بڑا مرتبہ ہے اور عید گاہ قدیم میں ان کا "مکاں" زیارت گاہ خاص و عام ہے۔

سلیم تمنائی اپنے مخصوص طرز تحریر کے لئے بھی اردو ادیبوں میں امتیاز اور انفرادیت رکھتے ہیں۔ انہوں نے نذیر احمد سے متعلق مضامین کو یکجا کیا ہے۔ ایک ہستی، ایک انجمن، ان کی دوسری اہم تصنیف دانائے راز دیار دکن میں اقبال کی میسور و بنگلور میں آمد اور روضہ پر حاضری سے متعلق ہے قومی یکجہتی اور دکن دیس ان کے متفرق

مضامین کا مجموعہ ہے سلیم تمنائی بنیادی طور پر ایک محقق ہیں اور مجھے ان کی اس تصنیف کا انتظار ہے۔ جو اردو ادب کے ذخیرہ میں یقیناً نایاب و کمیاب کہلائے گی۔ ایسی توقع بے جا بھی نہیں اس لئے کہ سلیم تمنائی کی ذاتی لائبریری میں ایسے نایاب اور کمیاب مخطوطے ہیں جن سے وہ استفادہ کر سکتے ہیں۔

میرا یہ احساس ہے کہ سلیم تمنائی تنظیمی امور میں زیادہ دلچسپی رکھتے ہیں خصوصاً جب سے وہ انجمن کے صدر بن گئے ہیں وہ پریشان، پریشان گھومتے، لوگوں سے ملتے، شعراء و ادیبوں کو اکٹھے کرتے رہتے ہیں یہ ہیں دبلے پتلے سے، ناک پکڑو تو دم نکل جائے مگر اپنی کارگزاریوں سے شہر بھر کے لوگوں کا ناک میں دم کر رکھا ہے۔ سونے پر سہاگہ ان کی دوستی سید منظور احمد سے جو ہوگئی ہے تو سارے شہر میں انجمن کا ہنگامہ ہے۔ منظور بڑے ذمہ دار آدمی ہیں۔ بات اور وقت کے پابند اور تنظیمی صلاحیت بلا کی ہے، جذبات پر قابو ہو تو یہ بڑے بڑے کام کے آدمی ہیں۔ سلیم تمنائی اور منظور احمد کا منجوگ میسور میں اردو کے ماحول کو بنائے رکھنے اور پروان چڑھانے میں ممد و مددگار ثابت ہوا ہے۔ چشمِ بد دور۔۔!

پتہ نہیں خوابوں اور خواب زاروں کے اس شہر میسور میں ایسی کتنی شخصیتیں ہیں جن کی ذات اردو ادب اور اردو تہذیب کے لئے باعثِ برکت با برکت ہوگی اور جن کا لہو لالہ کی حنا بندی میں خاموشی کے ساتھ مصروف ہے۔ تاہم میں جن شخصیات سے واقف ہوں اور جن کے کام نے مجھے متاثر کیا ہے ان کا ذکر میں نے یہاں کر دیا ہے۔ ویسے بھی گلشن کی رونق صرف گل و گلاب ہی نہیں ہوتے وہ سبزہ بھی ہوتا ہے جو زمین پر بچھ کر چہل قدمی کرنے والوں کو تازگی اور تراوٹ بخشتا ہے۔ میسور ان معنوں میں سبزہ زار بھی ہے، صدا ہرا بھرا میسور کے ادیب، میسور کے شاعر، میسور کے فنکار، اور مصور یہی سب اس گلشن اردو کے گل و گلاب ہیں، چمپا، چمیلی، موگھرا اور موتیا بھی! انہی کے قلب

و نظر کی تازگی اور تراوٹ نے اردو کے اس برنداون گارڈن کو حسن بھی اور روشنی عطا کی ہے اور یقین ہے ان ہی کے خون جگر سے اس گلشن کو حیات نو ملتی رہے گی!

https://www.taemeernews.com/2022/10/mysore-city-of-dreams-and-dreamers.html

؎ ؎ ؎

دارالمصنفین اعظم گڑھ

محمد اویس خاں

علامہ شبلی نعمانی سب سے پہلے سرسید کی تحریک کے ایک رکن کی حیثیت سے علمی دنیا سے روشناس ہوئے۔ لیکن انہوں نے جلد ہی اپنی ایک مستقل علمی حیثیت کو منوالیا۔ اتنا ہی نہیں بلکہ کئی اعتبار سے ان کی علمی و فکری تحریک علی گڑھ کی تعلیمی تحریک سے بہت آگے نکل گئی۔ سرسید کو ان کے شجر تعلیمی کے پھل نے بدمزہ کر دیا تھا۔ لیکن اگر وہ شبلی کی تربیت یافتہ جماعت کے علمی ذوق، جذبہ خدمت ملی، اور ایثار و خلوص کو دیکھتے تو خوش ہوتے۔ شبلی تو بہت بڑی شخصیت تھے اور وہ دست تعلیم و تربیت دوسرے تھے جنہوں نے شبلی کو جوہر قابل بنادیا تھا۔ سرسید کی تحریک نے کوئی سلیمان و عبدالسلام بلکہ ان کے شاگرد معین الدین اور صباح الدین جیسا مخلص ایثار پیشہ صاحب تصنیف و تالیف اور اہل قلم بھی پیدا نہیں کیا شبلی کی علمی، فکری، تصنیفی اور تالیفی تحریک کا یہ ایک ایسا امتیاز ہے جس میں ۱۹ ویں اور ۲۰ صدی کا کوئی صاحب علم و فضل اور کوئی علمی و فکری تحریک شریک نہیں ہے۔

شبلی کو علی گڑھ کے زمانۂ قیام ہی میں اسلامی علوم و فنون، اسلامی تاریخ، مسلمانوں کی بعض شخصیات اور وقت کے چند اہم موضوعات پر تصنیف و تالیف کی ضرورت کا احساس پیدا ہو گیا تھا۔ اور انہوں نے اس تصنیفی و علمی تحریک کی ابتدا بھی کر دی تھی۔

لیکن انہیں اس امر کا بھی پورا پورا احساس تھا کہ صرف ایک شخص اپنی کوششوں سے تصنیف اور تحقیق کی تمام ضرورتوں کو پورا نہیں کر سکتا خواہ وہ کتنا ہی جامع الحیثیات اور فارغ الاوقات کیوں نہ ہو۔ اس کام کے لئے اہل قلم اور اصحاب علم و فضل کی ایک پوری جماعت کی اور اس کی مسلسل کوششوں کی ضرورت تھی۔ لیکن اس کے باوجود بھی یہ مرحلہ سخت جاں ایک عظیم الشان کتب خانے کے قیام کے بغیر طے نہیں کیا جا سکتا۔ اس ضرورت کا احساس انہیں اس زمانے میں خاص طور پر ہوا جب وہ "الفاروق" کی تصنیف میں مصروف تھے اور مواد کی فراہمی کے لئے اور بعض ماخذ سے استفادے کے لئے انہیں ترکی، مصر، شام وغیرہ کا سفر کرنا پڑا۔

"الفاروق" ان کے علی گڑھ کے زمانہ قیام کا کارنامہ ہے۔ تصنیف و تالیف کے امور کے لئے شبلی جس قسم کی جماعت کی تلاش میں تھے اس کی جستجو علی گڑھ کے انگریزی خواں اور شوقین مزاج نوجوانوں میں تضیع اوقات کے برابر تھی۔ یہ ضرورت کسی جدید درس گاہ میں طلبہ کی ایک مخصوص جماعت کی تعلیم و تربیت علمی سے پوری ہو سکتی تھی۔ اس کے لئے شبلی کو تقریباً پندرہ برس انتظار کرنا پڑا۔ لیکن ان کا یہ خواب پورا ہوا اور اس کی حسن تعبیر سے ہندو پاکستان میں تصنیف و تالیف اور مطالعہ و تحقیق کا ایک نیا دور شروع ہوتا ہے۔

ہمارے نزدیک اس نئے دور علمی اور عہد تصنیف و تالیف کی تاریخ ۱۹۰۵ء میں اس وقت سے شروع ہوتی ہے جب شبلی حیدرآباد دکن کی ملازمت سے سبک دوش ہو کر لکھنو آئے اور ندوۃ العلماء کی زمام اعتماد اپنے ہاتھ میں لی اور طلبہ کی ایک جماعت کو اپنی توجہ اور تعلیم و تربیت کا مرکز بنایا۔ جلد ہی انہیں صبح سعادت علمی کے آثار صاف نظر آنے لگے تھے۔ اس وجہ اس کے فوراً بعد وہ بہت جلد تمام ہنگاموں سے بے نیاز ہو کر صرف علمی اور

تصنیف و تالیف کے کاموں کے لئے وقف ہو جانا چاہتے تھے۔ لیکن ندوۃ کی رہنمائی کی ذمہ داریوں کے علاوہ ملک اور بیرون ملک اسلامی دنیا میں چند ایسی تبدیلیاں اور واقعات رونما ہوئے جن سے شبلی جیسے حساس اور درد مند بے نیاز ہو کر نہیں بیٹھ سکتے تھے۔ اس کے باوجود وہ اس طرف سے غفلت نہیں برت رہے تھے۔

چنانچہ مارچ ۱۹۱۰ء میں دہلی میں ندوۃ العلماء کا جو سالانہ جلسہ ہوا اس میں مصنفین اور اہل قلم کے علمی استفادے اور تحقیق کے کاموں کے لئے ایک عظیم الشان کتب خانہ کے قیام کی تجویز نہایت زور و شور کے ساتھ پیش کی گئی۔ اور آپ نے اپنے شاگرد خاص سید سلیمان ندوی سے بھی ایک مقالہ "ندوہ میں ایک عظیم الشان کتب خانے کی ضرورت" کے عنوان سے پڑھوایا اور ہدایت فرمائی کہ اسی سلسلے میں ایک "دارالمصنفین" کے قیام کی تجویز بھی پیش کرو۔

چنانچہ سید صاحب لکھتے ہیں کہ:

"ندوۃ العلماء جس قسم کے علماء اپنے مدرسہ میں تیار کران چاہتا ہے وہ اس اسکیم سے ظاہر ہے کہ یہاں کے طلبہ درجہ عالمیت بدرجہ تکمیل کے بعد تالیف و تصنیف میں مشغول ہوں اور ایک بڑے پیمانے پر شعبہ تالیف و تصنیف قائم کیا جائے۔ جس سے علوم تاریخ اسلام کا احیاء ہو، لیکن یہ ظاہر ہے کہ ہر کام اسی وقت پورا ہو سکتا ہے جب ندوۃ العلماء کے احاطہ میں ایک عظیم الشان کتب خانہ ہو جس میں تمام نادر تصانیف موجود ہوں"۔

اپریل ۱۹۱۰ء کے الندوہ میں مولانا ابوالکلام آزاد نے اجلاس دہلی کی تجاویز اور کارروائی پر تبصرہ کیا، تو کتب خانہ اور "دارالمصنفین" کی تجویز کی پرزور الفاظ میں تائید کی اور اسے قوم کی شاہرہ مقصود قرار دیا۔

لیکن اس کے بعد جلد ہی ندوہ کے اندرونی حالات نے ایسی صورت اختیار کر لی جس سے شبلی ذہنی طور پر بہت پریشان اور متفکر رہے۔ اس کے باوجود ایک دارالتصنیف یا دارالمصنفین کے قیام کے بارے میں ان کا ذہن برابر سوچتا رہا۔ بالآخر ۱۹۱۳ء میں انہوں نے اس کا پورا خاکہ مرتب کر لیا اور ۱۱/ فروری ۱۹۱۴ء کے الہلال کلکتہ میں اسے شائع کر دیا۔ علمی حلقوں میں نہایت گرمجوشی اور مسرت کے ساتھ کا خیر مقدم کیا گیا تھا۔ اس علمی تجویز کے چند اہم نکات یہ ہیں:

"خدا کا شکر ہے کہ ملک میں تصنیف و تالیف کا مذاق پھیلتا جارہا ہے اور قابل قدر ارباب قلم پیدا ہوتے جاتے ہیں۔ لیکن بایں ہمہ اس گروہ میں زیادہ تعداد ان لوگوں کی ہے جن کو مصنف کے بجائے مضمون نگار یا انشاء پرداز کہنا زیادہ موزوں ہوگا کیونکہ ان کی مستقل تصانیف نہیں بلکہ رسالے یا مضامین ہیں۔

اس کی وجہ یہ نہیں کہ ان میں اعلیٰ درجے کی تصنیفی و تالیفی قابلیت نہیں بلکہ اصل وجہ یہ ہے کہ اعلیٰ درجے کی تصنیف کے لئے جو سامان درکار ہے وہ مہیا نہیں ہے۔ ان میں سے اکثر کے پاس کتابوں کا ذخیرہ نہیں، جو انتخاب، استنباط و اقتباس کے کام میں آئے۔ اتفاق سے اگر کوئی مقامی کتب خانہ قائم ہے تو دل جمعی کے اسباب نہیں کہ اطمینان سے چند روز وہاں رہ کر کتابوں کا مطالعہ اور ان سے استفادہ اور نقل و اقتباس کر سکیں۔ ان باتوں کے ساتھ کوئی علمی مجمع نہیں کہ ایک دوسرے سے مشورہ اور تبادلہ خیال ہو سکے۔ ان مشکلات کے حل اور تصنیف و تالیف کی ترقی کے لئے ضروری ہے کہ ایک وسیع دارالتصنیف اصول ذیل کے موافق قائم کیا جائے۔

۱۔ ایک عمدہ عمارت دارالتصنیف کے نام سے قائم کی جائے جس میں ایک وسیع ہال کتب خانے کے لئے ہو، اور جس کی حویلی میں ان لوگوں کے قیام کے لئے کمرے ہوں جو

یہاں رہ کر کتب خانے سے فائدہ اٹھانے اور تصنیف و تالیف میں مشغول رہنا چاہتے ہوں۔

۲۔ یہ کمرہ خوبصورت اور خوش وضع ہوں اور ان مشہور مصنفین کے نام سے منسوب ہوں جو تصنیف کی کسی شاخ کے موجد اور بانی فن ہوں۔

۳۔ ایک عمدہ کتب خانہ فراہم کیا جائے جس میں کثرت تعداد ہی پر نظر نہ ہو بلکہ ہر فن سے متعلق کتب ہوں خواہ وہ نادر اور کمیاب ہی کیوں نہ ہوں فراہم کی جائیں۔

۴۔ تصنیفی وظائف قائم کئے جائیں۔ اور وظیفہ عطا کنندہ کے نام سے موسوم کیا جائے یہ وظائف ماہوار ہوں گے۔ یا کسی تصنیف و تالیف کے صلے کے طور پر دئے جائیں گے"۔

دارالمصنفین کے اس خاکے کی اشاعت کے بعد اسکے قیام کے لئے عملی کوششیں بھی کی گئیں تھیں، سب سے اہم سوال یہ تھا کہ دارالمصنفین کو کہاں قائم کیا جائے۔ شبلی نہایت سنجیدگی سے چاہتے تھے کہ اس کا مرکز ندوہ میں ہو۔ وہ اپنی اس خواہش کا اظہار متعدد مواقع پر اور کئی حضرات کے نام خطوط وغیرہ میں کر چکے تھے۔ لیکن ندوہ کی موجودہ فضا کو اس کے لئے مناسب خیال نہ کرتے تھے۔ بعض حضرات نے لکھنو اور کسی نے علی گڑھ کو اس کے لئے موزوں قرار دیا۔ نواب صدر یار جنگ حبیب الرحمن خاں شیروانی نے حبیب گنج میں اس کے قیام کا مشورہ دیا۔

لیکن دارالمصنفین کے مرکز کے مسئلہ کو بقول سید سلیمان ندوی قاضی تقدیر نے اس طرح طے کر دیا کہ:

"اگست ۱۹۱۴ء میں مولانا شبلی کے عزیز بھائی مولوی محمد اسحاق مرحوم کی موت نے ان کو اعظم گڑھ آنے پر مجبور کر دیا۔ یہاں سکون و اطمینان نظر آیا تو اس شہر کو اپنے

مقاصد کا مرکز بنانے کا فیصلہ کیا۔"

اس کے لئے سب سے پہلے اپنے ذاتی باغ بنگلہ اور کتب خانے کو وقف کر دیا۔ "دارالمصنفین" میں شرکت و داخلہ کے قواعد وضوابط بنانے اور دو ماہ کی مسلسل کوششوں کے بعد تمام بنیادی اور اہم امور طے پا گئے۔ رام بابو سکسینہ نے نواب سید علی حسن خان سے ایک روایت نقل کی ہے۔ اس موقع پر اس کا مطالعہ دلچسپی سے خالی نہ ہو، نواب صاحب فرماتے ہیں:

"قیام دارالمصنفین کے لئے میں نے مولانا کو نیم راضی کر لیا تھا کہ لکھنو میں کھولا جائے۔ مگر ان کی خواہش تھی کہ اس کا تعلق ندوہ سے نہ ہو، اور یہ ایک بالکل علیحدہ چیز رہے اس کے واسطے بعض مواقع لکھنو میں دیکھے گئے۔ اور مولانا نے دو ایک جگہوں کو پسند بھی کیا، پھر مولانا بمبئی تشریف لے گئے، میں بھی وہاں موجود تھا وہاں سے اپنے چھوٹے بھائی مولوی محمد اسحاق کی اچانک موت کی خبر سن کر دفعتاً الہ آباد ان کو آنا پڑا۔ یہاں سے وہ بضرورت اعظم گڑھ گئے۔ اور مجھ کو لکھا کہ دارالمصنفین یہاں قائم کرنے کا ارادہ ہے۔ میں گیا تو معلوم ہوا کہ مولانا نے اپنا باغ وغیرہ اسکے واسطے وقف کر دیا ہے۔ اور بعض اور لوگوں نے اپنی جائدادیں دی ہیں، میں نے کہا بہت بہتر ہوتا کہ دارالمصنفین لکھنو میں قائم ہوتا، ہنس کر فرمایا کہ مضائقہ ہے یہاں اس کو بالفعل رہنے دیجئے، جب موقع آئے گا تو لکھنو میں منتقل ہو جائے گا"۔

مولانا ابھی اس کی رسم افتتاح کی تیاریوں میں مصروف تھے کہ ۱۸ نومبر کو داعی اجل کو لبیک کہا۔ لیکن یہ ان کے اخلاص اور نیک نیتی کا نتیجہ تھا کہ ان کے صالح و سعید شاگردوں نے ان کے انتقال کے صرف تین دن بعد ۲۱/نومبر کو دارالمصنفین کے قیام کا اور اس کے لئے اپنی زندگیاں وقف کر دینے کا اعلان کر دیا اور ملک کے دیگر اہل علم سے

صلاح و مشورہ کے بعد ۴رجون ۱۹۱۵ء کو اس کے اغراض و مقاصد اور قواعد و ضوابط کا رجسٹریشن بھی کرالیا۔

دارالمصنفین پانچ شعبوں میں تقسیم ہے جن کی تفصیل یہ ہے:

(۱) شعبہ تصنیف و تالیف (۲) شعبہ طباعت (۳) شعبہ اشاعت (۴) شعبہ رسالہ معارف (۵) کتب خانہ۔

دارالمصنفین کے مشہور محقق اور رفیق علمی سید صباح الدین الرحمن نے اس سلسلے میں جو معلومات فراہم کی ہیں ان کا خلاصہ یہ ہے کہ یہ تمام شعبے دارالمصنفین کے سترہ بیگھے زمین پر الگ الگ عمارتوں میں قائم ہیں اور اسی احاطے میں دارالمصنفین کے ناظم، مہتمم اور رفقائے علمی کے لئے مکانات ہیں اور ایک آرام دہ مہمان خانہ اور ایک خوبصورت مسجد بھی ہے۔ دارالمصنفین کے علمی شعبے میں کام کرنے والے افراد چوبیس گھنٹے اسی احاطہ میں رہتے ہیں اور اپنے تمام اوقات صرف پڑھنے لکھنے میں صرف کرتے ہیں۔ صباح الدین صاحب استثنا و خوف و تردید کے بغیر کہہ سکتے ہیں کہ ہندوستان و پاکستان میں کوئی ایسا علمی ادارہ نہیں ہے جس کی ہر چیز اپنی ہو، یعنی زمین اس کی اپنی اور ضرورت کے مطابق تمام عمارتیں اس کی اپنی ہوں، اس کا اپنا کتب خانہ بھی ہو، اس کا اپنا مطبع اور اپنا دارالاشاعت بھی ہو اور سب سے بڑھ کر چوبیس گھنٹے کے اس کے اپنے مصنف بھی ہوں۔

اس وقت تک تقریباً سوا سو کتابیں دارالمصنفین نے شائع کی ہیں۔ کتابوں کی تعداد کے لحاظ سے پاک وہند کے شاید کئی دوسرے ادارے اس پر فوقیت لے جائیں گے لیکن اس امتیاز میں کوئی دوسرا ادارہ دارالمصنفین کا شریک نہیں ہو سکتا کہ اس کی تمام تصانیف و تالیفات اس کے اپنے رفقائے علمی کے قلم سے ہیں وہاں جو کچھ لکھا گیا اور جو کچھ شائع ہو

اس کے ایک ایک حرف اور ایک ایک خیال کو کامل غور و فکر اور اتفاق و اعتماد کے بعد پیش کیا گیا ہے اور ملک و بیرون ملک کے تمام علمی حلقوں نے اسے نہایت مستند اور قابل اعتماد سمجھ کر تسلیم بھی کر لیا۔

دارالمصنفین نے سیرت النبی، سیرت عائشہ، سیرۃ الصحابہ، اور تاریخ اسلام وغیرہ موضوعات پر جو کتابیں شائع کی ہیں۔ ان کے تحقیقی معیار، تصنیفی جامعیت اور تالیف کے کمال کے مطابق عربی، فارسی اور انگریزی میں بھی کوئی کتاب موجود نہیں۔ دارالمصنفین کی بہت سی تصانیف کا ترجمہ برصغیر پاک و ہند کی متعدد علاقائی زبانوں کے علاوہ عربی، انگریزی، فارسی، ترکی، بنگالی اور دنیا کی تمام مشہور زبانوں میں بھی ہو چکا ہے۔ ملک کے علمی حلقوں کے علاوہ بیرون ملک کے علمی حلقوں نے دارالمصنفین کی علمی خدمات اور اس کی تصنیفات کے تحقیقی معیار کا اعتراف کیا ہے۔ صباح الدین صاحب نے ۱۹۶۴ء کے اواخر تک کی تصنیف کی تفصیل دی ہے۔ اس سے معلوم ہوتا ہے کہ اس وقت تک مختلف علوم و فنون میں ۱۱۷ کتابیں شائع ہو چکی ہیں ان کی تفصیل حسب ذیل ہے۔

سیرت النبی ۶ جلد، سوانح ۲۳ جلد، تاریخ اسلام ۱۴ جلد، تاریخ ہند ۱۷ جلد، ادب ۱۵ جلد، اخلاقیات ۲ جلد، فلسفہ ۱۶ جلد، علم الکلام ۱ جلد، فقہ اسلامی ۲ جلد، تعلیمات ۱ جلد، لغت ۱ جلد، مقالات شبلی ۹ جلد، کتب عربی ۵ جلد، متفرقات ۱۱ جلد۔

جیسا کہ عرض کیا یہ تعداد ۱۹۶۴ء کے اواخر تک کی ہے گزشتہ تقریباً دس سال میں اس نے اور بہت سی کتابیں تصنیف اور شائع کی ہوں گی۔ لیکن اس مدت میں ہمیں اس کی علمی فتوحات اور کارناموں کے بارے میں بہت کم معلومات ہو سکی ہیں۔

مختلف علوم و فنون میں اس کی معرکۃ الآرا تصانیف کے علاوہ جس خدمت نے اس کے علمی مقام و حیثیت کو مستحکم کیا اور جو بالآخر اس کے لئے شرف اور امتیاز بن گیا وہ اس کا

علمی مجلہ "معارف" ہے۔

اس کا پہلا شمارہ جولائی ۱۹۱۶ء میں شائع ہوا تھا اور گزشتہ ۵۸ برسوں سے مسلسل شائع ہو رہا ہے۔ یہ مقام بہت کم جرائد کو حاصل ہوتا ہے کہ وہ ایک مجلہ کے بجائے علم و تحقیق اور فکر کی ایک علامت کے طور پر گردانے جانے لگے۔ معارف کا نام زبان پر آتے ہی علم و تحقیق کی ایک علامت کا تصور ذہن میں ابھرتا ہے۔ بعض رسائل کی تعریف میں یہ کہا جاتا ہے کہ فلاں فلاں اصحاب علم و فضل ان کا مطالعہ فرماتے تھے۔ اور یہ گویا ان رسائل کے معیاری ہونے کی شہادت سمجھی جاتی ہے۔ لیکن معارف کا مطالعہ علم و ذوق کی سند سمجھا جاتا ہے۔ دارالمصنفین کی طرح ملک اور بیرون ملک کے اہل علم نے معارف کی متنوع علمی خدمات تحقیقی معیار اور مقالات کی فکر آفرینی کا اعتراف بھی کیا ہے۔

دارالمصنفین کی تجویز، قواعد و ضوابط وغیرہ سب چیزیں شبلی مرحوم طے کر گئے تھے اور غیر رسمی طور پر وہ اس کا آغاز بھی کر گئے تھے۔ اسے واقعی دارالمصنفین اور برصغیر پاک و ہند کا ایک اعلی پایہ کا علمی ادارہ بنانے اور اس کے نام کو معیار علمی کی علامت بنا دینے کا سہرا حضرت علامہ سید سلیمان ندوی مرحوم اور ان کے ساتھیوں مولانا مسعود علی ندوی اور مولانا عبدالسلام ندوی کے سر ہے ان حضرات نے دارالمصنفین کے لئے جس عظیم الشان ایثار پیشگی کا ثبوت دیا ہے اس کی کوئی مثال کم از کم اردو کی علمی دنیا سے پیش نہیں کی جا سکتی۔

اردو کے مشہور محقق اور نقاد پروفیسر ڈاکٹر غلام حسین ذوالفقار لکھتے ہیں:

"سید سلیمان ندوی جنھوں نے پونا کالج کی پروفیسری ترک کر کے ۳۳ سال تک دارالمصنفین کی سربراہی کی آخر میں صرف ڈھائی سو روپے لیتے تھے عبدالسلام ندوی جو چالیس سال سے زائد عرصے تک دارالمصنفین میں مقیم رہے اور صرف موت انہیں

ادارے سے جدا کر سکی۔ آخر میں ایک سو ستر روپیہ گزارہ الانس لیتے تھے۔ یہ مشاہرے بھی جنگ عالمگیر دوم کی پیدا کردہ گرانی کے باعث تھے، ورنہ پہلے یہ مشاہرہ بہت قلیل تھا۔"

مولانا مسعود علی ندوی بھی مولانا شبلی مرحوم کے خاص شاگرد تھے، دارالمصنفین کے انتظام و اہتمام کی ذمہ داری ان کے سپرد تھی یہ ان کے حسن انتظام کا نتیجہ تھا، دارالمصنفین میں ایک پر سکون ماحول میسر آیا اور یہی وجہ تھی کہ ان کے علمی رفقاء دوسری تمام فکروں سے آزاد بے پروا ہو کر اتنی عظیم الشان علمی خدمت انجام دے سکے۔ اور بقول حسین ذوالفقار:

"دارالمصنفین کا قیام بر صغیر کے مسلمانوں کی دینی تہذیبی اور علمی تاریخ کا اہم ترین واقعہ بن گیا ہے۔"

آج کل (سنہ ۱۹۷۴ء) دارالمصنفین کے ناظم مولانا شاہ معین الدین احمد ندوی ہیں جو معارف کے ایڈیٹر بھی ہیں اور رفیق علمی (ریسرچ اسکالر) کی حیثیت سے جناب سید صباح الدین عبدالرحمن تصنیف و تالیف کے کاموں میں مصروف ہیں۔ اور ادارے کے منصب صدارت پر بر صغیر کے مشہور ادیب، نقاد، انشا پرداز، صحیفہ نگار اور مفسر قرآن مولانا عبدالماجد دریابادی فائز ہیں۔

https://www.taemeernews.com/2021/08/darul-musannefin-shibli-academy-azamgarh.html

* * *

مسلم بورڈنگ ہاؤس الہ آباد: مولوی سمیع اللہ خان کی فکر رسا کا عملی نمونہ

پروفیسر صالحہ رشید

ہندوستان میں ان دنوں آزادی کا امرت مہوتسو منایا جارہا ہے۔ اس اتسو کو منانے کا خاص مقصد آزادی کے ان جانبازوں کو یاد کرنا ہے جنھوں نے دامے درمے قدمے سخنے کسی بھی صورت ملک کو انگریزوں کی غلامی سے آزاد کرانے میں اپنا کردار ادا کیا۔ ان دنوں قوم کی تعلیمی ابتری کی جانب بھی دانشوروں کی نگاہ گئی اور انھیں محسوس ہوا کہ تعلیم حاصل کئے بغیر زمانے کا ساتھ نہیں دیا جاسکتا۔ اس لئے ان لوگوں نے ابنائے قوم کے درمیان تعلیم کے انتشار کو اپنا مقصد بنایا اور مختلف صورتوں میں اس میدان میں اپنی شراکت درج کرائی۔ قوم و ملت کی بہبود کی خاطر فکر مند ایک نام مولوی سمیع اللہ خان کا ہے جنھوں نے تعلیم حاصل کرنے والے طلباء کی بنیادی ضرورتوں کو محسوس کرتے ہوئے شہر الہ آباد میں ایک ہاسٹل قائم کیا جسے ہم "مسلم بورڈنگ ہاؤس" کے نام سے جانتے ہیں۔ تعلیمی میدان میں مولوی سمیع اللہ خان کا یہ ایک منفرد کارنامہ ہے جسے سنہری حروف میں لکھا جانا چاہیے۔

مسلم بورڈنگ ہاؤس الہ آباد یونیورسٹی کا ایک ہاسٹل ہے جو عموماً ایم بی ہاؤس کے نام

سے جانا جاتا ہے۔ اس کا قیام ۱۸۹۲ء میں عمل میں آیا اور جنگ بہادر مولوی سمیع اللہ خان ، سب جج علی گڑھ اس کے بانی ہیں۔ یوں تو الہ آباد یونیورسٹی نے ایک اسپیشل ایکٹ کے تحت ۱۹۲۱ء سے آزادانہ طور پر کام کرنا شروع کیا مگر یہاں تک پہنچنے کے لئے اسے تقریباً نصف صدی کا سفر طے کرنا پڑا۔

شہر الہ آباد کو انگریزوں کے وقت میں مرکزی حیثیت حاصل رہی لہٰذا انھوں نے اپنے بچوں کی تعلیم کے لئے یہاں اسکول قائم کر لئے تھے۔ بوایز ہائی اسکول ۱۸۶۴ء میں اور سینٹ جوزف اسکول ۱۸۸۴ء میں شروع کئے جا چکے تھے۔ میور آباد نام سے ایک بستی بسا دی گئی تھی۔ اس کے بعد اعلیٰ تعلیم کا مسئلہ درپیش تھا۔ محمڈن اینگلو اورینٹل کالج، علی گڑھ کا قیام عمل میں آ چکا تھا۔ کلکتہ، بامبے اور مدراس یونیورسٹیز اپنے وجود کا لوہا منوا رہی تھیں۔ پنجاب یونیورسٹی اور اس کے اورینٹل ڈپارٹمنٹ کا شہرہ چاروں طرف تھا۔ ایک بڑی دقت جو سامنے تھی وہ یہ تھی کہ کلکتہ اور پنجاب کے درمیان لمبا فاصلہ تھا اور اعلیٰ تعلیم کے مراکز کا فقدان تھا۔ مشہور مؤرخ آوریل پاول کے مطابق سر سید احمد خاں اور لفٹننٹ گورنر سر ولیم میور کے درمیان اس سلسلے میں تبادلۂ خیال ہوا جس کے مد نظر سر ولیم میور (۲۷ اپریل ۱۸۱۹ء تا ۱۱ جولائی ۱۹۰۵ء، لفٹننٹ گورنر، نارتھ وسٹ پراونس) نے ۱۸۷۲ء میں ایک سنٹرل کالج کی شروعات کی جو بعد میں میور سنٹرل کالج کہلایا۔ جولائی ۱۸۷۲ء میں اس کا پہلا سیشن انڈین پریس کی بلڈنگ میں شروع ہوا۔ مولوی ذکاء اللہ کا تقرر ورناکیولر سائنس اور لٹریچر کے پروفیسر کی حیثیت سے ہوا جو عربی فارسی اور ریاضی پڑھاتے تھے۔ پنڈت آدتیہ رام بھٹاچاریہ سنسکرت اور مسٹر ڈبلیو ایچ رائٹ انگلش کے پروفیسر بنائے گئے۔ ۱۸۸۰ء تک اس کالج نے شمالی ہندوستان کے سب سے اچھے ادارے کی حیثیت سے اپنی شناخت قائم کر لی تھی۔ ولیم میور نے محمڈن اینگلو اورینٹل کالج

کے قیام میں بھی خاصی دلچسپی دکھائی تھی۔ مولوی سمیع اللہ سے بھی ان کے مراسم تھے جو بعد میں مسلم بورڈنگ ہاؤس کے قیام میں معاون ثابت ہوئے۔

انیسویں صدی اپنے آغاز سے ہی مسلمانوں کے لئے مذہبی، فکری اور قومی سطح پر انتہائی کشمکش کی صدی رہی۔ سیاسی تنزل بھی پوری طرح اسی صدی میں رونما ہوا۔ مگر ابتری کی انتہا سے ہی بہتری کی ابتدا بھی ہوئی۔ شیخ محمد اکرام مؤلف 'موج کوثر' کے مطابق مذہبی احیاء، سیاسی ارتقاء، ملی نشو و نما اور معاشرتی اصلاح کا آغاز بھی اسی زمانے میں ہوا۔ انتہائی نامساعد حالات میں تعمیری کام ہوئے۔ مسلمانوں کی تعلیم کے لئے علی گڑھ مسلم یونیورسٹی، ندوۃ العلماء، دار المصنفین جیسے اداروں کا قائم ہونا اس کی مثال ہے۔

شاہ ولی اللہ ایک فکر لے کر نمودار ہوئے تو اقبال نے ان کی فکر کو آگے بڑھایا۔ دراصل ساری کشمکش قدیم و جدید رویوں کو لے کر تھی۔ جب کہ ضرورت اس بات کی تھی کہ معتدل فکر و نظر اپنایا جاتا۔ مغربی تمدن کی تمام خوبیاں اسلام کی خالص روح کو نقصان پہنچائے بغیر اپنائی جاسکتی تھیں۔ اپنے ماضی سے جڑ کر کشادہ ذہنی کے ساتھ اپنی ذمہ داریاں پوری کی جاسکتی تھیں۔

مسلمانوں کی پریشانی اقتصادی تو تھی ہی ساتھ ہی ذہنی پستی ان کا پیچھا کر رہی تھی۔ اس پر طرہ یہ کہ اب ان کے اظہار کا محکم وسیلہ یعنی ان کی زبان بھی کمزور پڑ گئی تھی۔ اب تک ان کی ادبی زبان فارسی تھی لیکن اس کا مستقبل تاریک ہو چکا تھا۔ اردو میں شعر تو کہے جا رہے تھے مگر نثر کی سطح پر زبان مستحکم نہیں ہوئی تھی۔ اس میں علمی مسائل پیش کرنے کی صلاحیت نہیں آئی تھی۔ یہ مسئلہ سنگین تھا۔ معاملات انگریزوں سے تھے۔ ان کی زبان کو سیکھے بغیر ان کی منشاء کو جاننا دشوار تھا۔ مگر مسلمان دشمن کی زبان سے دوری اختیار کئے ہوئے تھے۔ جس کی جانب توجہ دینا ضروری تھا۔ وقت کا تقاضہ تھا کہ وہ

انگریزی سیکھتے ساتھ ہی اپنی زبان کی حفاظت بھی کرتے۔

اس کے پیش نظر سرسید کی علی گڑھ تحریک نہ فقط مسلمانوں کی تعلیمی اصلاح کا زمانہ ہے بلکہ اردو زبان و ادب کے ارتقاء کا بھی شاندار عہد ہے۔ حالی، شبلی، نذیر احمد اور سرسید اس تحریک کے روح رواں رہے۔ سرسید نے ملازمت کی ابتدا صدر امین کے طور پر کی۔ ۱۸۴۱ء میں منصفی کا امتحان پاس کیا اور پھر بحیثیت منصف ان کا تقرر دہلی، بجنور، مرادآباد، غازی پور، علی گڑھ اور بنارس ہوا۔ آپ جہاں بھی رہے تصنیف اور تعلیم کے ساتھ ساتھ اشاعت تعلیم میں مشغول رہے۔ سب سے پہلے ۱۸۵۹ء میں مرادآباد میں فارسی مدرسہ قائم کیا۔ جب غازی پور پہنچے تو ۱۸۶۴ء میں ایسے اسکول کی بناء ڈالی جہاں انگریزی پڑھائی جاتی تھی۔ قیام غازی پور کے دوران ہی آپ نے ۱۸۶۳ء میں سائنٹیفک سوسائٹی کی بنیاد ڈالی۔ اس کا اولین مقصد مغربی علوم کو ہندوستانیوں میں رائج کرنا تھا۔

ڈیوک آف آر گائل جو ممالک شمال مغربی اور پنجاب کے لفٹیننٹ گورنر اور نائب مربی تھے، وہ اس سوسائٹی کے مربی بنائے گئے۔ سرسید کا تبادلہ جب علی گڑھ ہو گیا تو وہاں اس سوسائٹی کے زیر اہتمام مختلف علمی مضامین پر تقریریں ہوا کرتی تھیں۔ اس کے تحت کئی انگریزی کتابوں کے اردو میں ترجمے بھی ہوئے۔ ایک اخبار جاری کیا گیا جس کا ایک کالم انگریزی اور ایک اردو میں ہوتا تھا۔ اخبار کا بیشتر حصہ ہندو مسلم دونوں کی معاشرتی اصلاح پر مبنی ہوتا تھا۔

جب تک سرسید علی گڑھ میں رہے، اخبار اور سوسائٹی کا انتظام ان کے ہاتھ رہا۔ ۱۸۶۷ء میں ان کا تبادلہ بنارس ہو گیا۔ اب راجہ جے کشن داس نے اخبار اور سوسائٹی کی ذمہ داری سنبھالی۔ بنارس کے قیام کے دوران بھی سرسید کی دلچسپی سوسائٹی اور اخبار سے برقرار رہی۔ اب تک سرسید نے اشاعت تعلیم کے لئے جو بھی کوششیں کی تھیں، ان سے

ہندو مسلمان سب مستفید ہو رہے تھے۔ خواہ وہ مراد آباد کا مدرسہ ہو، غازی پور اسکول یا پھر اخبار یا سائنٹیفک سوسائٹی، سب میں ابنائے وطن برابر کے شریک تھے۔ مگر سرسید کے قیام بنارس کے دوران چند ایسے واقعات پیش آئے جنھوں نے نہ فقط سرسید کے زاویہ نگاہ کو بدلا بلکہ پورے ملک اور بالخصوص مسلمانوں کی فکر پر اس کا بہت گہرا اثر پڑا۔

۱۸۶۷ء میں بنارس کے کچھ سربر آوردہ ہندوؤں کو یہ خیال پیدا ہوا کہ جہاں تک ممکن ہو تمام سرکاری دفتروں اور عدالتوں میں اردو کو موقوف کرانے کی کوشش کی جائے اور بھاشا دیوناگری خط میں متعارف کرائی جائے۔ یہاں سرسید ایک نئی حقیقت سے آشنا ہوئے۔ یکم اپریل ۱۸۶۹ء کو سرسید انگلستان کے لئے روانہ ہوئے۔ وہاں سے وہ اکتوبر ۱۸۷۰ء میں بنارس لوٹے۔ انگلستان کے قیام کے دوران انھوں نے انگریزوں کی خوبیوں اور ترقی کا بنظر غائر مطالعہ کیا۔ وہاں سے لوٹ کر انھوں نے تہذیب الاخلاق کا خاکہ بنایا اور اس کا پہلا شمارہ ۲۴ دسمبر ۱۸۷۴ء کو جاری ہوا۔ اس رسالے کی بدولت اردو کو بہت فروغ ملا۔ جولائی ۱۸۷۶ء میں سرسید ملازمت سے سبکدوش ہو کر علی گڑھ لوٹے۔ اس وقت مولوی سمیع اللہ پوری لگن کے ساتھ ایم اے او کالج کا ابتدائی مدرسہ چلا رہے تھے۔ چنانچہ سر ولیم میور نے ۲۴ مئی ۱۸۷۵ء کو اسکول کا باقاعدہ افتتاح کرتے ہوئے کہا کہ مولوی سمیع اللہ خان سب آرڈینیٹ جج نے دل و جان سے اس اسکول کے لئے محنت کی ہے اور تھوڑے ہی عرصے میں جو نمایاں ترقی اس اسکول نے کی وہ بہت حد تک انھی کی وجہ سے ہے۔ ولیم میور نے اس اسکول کی مالی اعانت بھی کی۔

مولوی سمیع اللہ خان منشی محمد عزیز اللہ خان کے صاحبزادے تھے۔ اس خاندان کا شمار دہلی کے عمائدین میں ہوتا تھا۔ آپ نے مولانا مملوک علی نانوتوی اور دہلی کے دیگر علماء کبار سے تعلیم حاصل کی۔ سرسید، مولانا محمد قاسم اور مولانا رشید احمد گنگوہی نے بھی

انھیں اساتذہ کرام کے سامنے زانوئے تلمذ تہہ کیا تھا۔ ۱۸۵۸ء میں آپ منصف مقرر ہوئے اور ۱۸۷۳ء میں آپ سب جج ہوئے۔

اسی دوران آپ نے اینگلو اورینٹل اسکول کی ذمہ داریاں نبھائیں۔ ۱۸۸۴ء میں لارڈ نارتھ بروک ایک مشن لے کر مصر گئے تو آپ بطور مشیر اور عربی دان ساتھ گئے۔ وہاں سے واپسی پر آپ کو خطاب سے نوازا گیا۔ اس کے بعد آپ ڈسٹرکٹ جج اور پھر سیشن جج ہوئے۔ نومبر ۱۸۹۲ء میں ملازمت سے سبکدوش ہوئے۔ ۱۹۰۱ء میں حج کیا۔ سات اپریل ۱۹۰۸ء کو بمقام علی گڑھ انتقال کیا اور دہلی کے اطراف میں دفن ہوئے۔

مولوی سمیع اللہ نے عمر کا ایک بڑا حصہ سرسید کی معیت میں گذارا مگر یہ ضروری نہیں تھا کہ وہ سرسید کی ہر بات سے اتفاق کرتے ہوں۔ مثلاً جب سرسید نے الفنسٹن کی کتاب تاریخ ہند کا ترجمہ کیا تو حضور ﷺ کی شان میں جو گستاخانہ لفظ الفنسٹن نے استعمال کیا تھا، وہی لفظ سرسید نے استعمال کر دیا۔ اس پر مولوی سمیع اللہ نے شدید اعتراض کیا۔ دوسرا موقعہ تب آیا جب علی گڑھ کالج کا انتظام بورڈ آف ٹرسٹیز کے ہاتھوں میں جانا تھا۔ ابھی تک کالج کا انتظام مینیجنگ کمیٹی کرتی تھی۔ جس کے سکریٹری سرسید تھے۔ ۱۸۸۹ء سرسید نے ایک ٹرسٹی بل کی تجویز رکھی۔ اس بل کی ایک دفعہ یہ تھی کہ بورڈ آف ٹرسٹیز کے سیکریٹری سرسید ہوں اور جوائنٹ سیکریٹری ان کے صاحبزادے سید محمود ہوں، تاکہ سرسید کے بعد وہ سیکریٹری ہو سکیں۔ مولوی سمیع اللہ خان نے اس دفعہ کی مخالفت کی کیونکہ سرسید کی غیر موجودگی میں انھوں نے بڑی جاں فشانی سے اس ادارے کو چلایا تھا دوسرے سید محمود سے زیادہ تر لوگ ناخوش تھے۔ ان سب کے باوجود جب بل پاس ہو گیا تو سمیع اللہ خان رنجیدہ خاطر ہوئے۔ قوم کی حالت ان سے دیکھی نہیں جاتی تھی۔

اسی اثنا ایک منفرد خیال ان کے ذہن میں انگڑائی لینے لگا اور وہ الہ آباد چلے آئے۔ یہاں ۱۸۹۲ء میں انھوں نے مسلم بورڈنگ ہاؤس کی بنیاد ڈالی۔ مولانا سمیع اللہ خان کشادہ ذہن کے مالک تھے۔ مسلمانوں کی تعلیم کے لئے علی گڑھ کالج کے معاملات سے واقف تھے۔ الہ آباد میں میور کالج بڑی عمدگی سے چل رہا تھا۔ ولیم میور سے ان کی واقفیت تو تھی ہی، لہٰذا انھوں نے قومی تعلیم کے مسئلے کو حل کرنے کا ایک جداگانہ طریقہ نکالا۔ انھیں محسوس ہوا کہ جو ادارے خاص مسلمانوں کے لئے قائم ہیں ان کا تعلیمی معیار پست ہے۔ اس کی وجہ یہ ہے کہ ان بچوں کا ملنا جلنا دوسری قوم کے بچوں سے نہیں ہوتا اور نہ ہی ان کا مقابلہ ان سے ہو پاتا ہے۔

ان کے سامنے سر فضل حسنین کی کارکردگیاں بھی تھیں جو پندرہ سال انجمن حمایت اسلام لاہور کے سیکریٹری رہے اور اسلامیہ کالج لاہور کے روح رواں تھے۔ جب وہ پنجاب میں وزیر تعلیم مقرر ہوئے تو انھوں نے اسلامیہ اسکولوں کی مدد کرنے کی بجائے گورنمنٹ کالج لاہور، میڈیکل کالج لاہور اور دوسرے سرکاری اداروں میں مسلم طلباء کے داخلے کا خاطر خواہ انتظام کیا اور ان کی تعداد مقرر کر دی تاکہ ان کا داخلہ آسانی سے ہو جائے اور وہ دوسری قوم کے بچوں کے ساتھ تعلیم حاصل کریں۔

مولوی سمیع اللہ خان نے بھی مسلم بورڈنگ ہاؤس کی صورت میں ایک حل نکالا۔ ان کا خیال تھا کہ مسلم طلباء ایک جگہ رہیں گے تو اس سے ان کی قومی روایات محفوظ رہیں گی مگر وہ تعلیم دوسرے اداروں میں جا کر حاصل کریں گے۔ ان کے ساتھ کلاس روم میں ہوں گے اور ساتھ بیٹھ کر امتحان دیں گے۔ انھیں یہ حل قومی کالج قائم کرنے سے بہتر نظر آیا۔ مولوی سمیع اللہ کے اس اقدام کی سب سے زیادہ مخالفت شبلی نے کی۔ ٹرسٹی بل کے پاس ہونے کے وقت بھی شبلی سید محمود کی حمایت میں کھڑے ہو گئے تھے۔ حالانکہ یہ

مولوی سمیع اللہ تھے جن کی مردم شناس آنکھوں نے شبلی کو پہچانا اور ایم اے او کالج کے فارسی کے استاد کے لئے سر سید سے ان کی سفارش کی۔ شبلی نے مولانا سمیع اللہ کے خلاف بہت زہر افشانی کی۔ مسلم بورڈنگ کو انھوں نے مسجد ضرار کا نام دے دیا تھا۔ حالانکہ کافی عرصہ بعد شبلی نے مولانا سمیع اللہ کی دور اندیشی کا اعتراف کیا اور اپنے ۱۹۱۳ء کے ایک خط میں لکھا کہ اسلامی بورڈنگ بنانا زیادہ مفید ہے جس میں اخلاقی اور مذہبی تربیت ہو۔ باقی تعلیم تو کسی بھی اسکول میں حاصل کی جاسکتی ہے۔

آج مولوی سمیع اللہ ہمارے درمیان نہیں ہیں مگر ان کے وژن کا ثمرہ ہمارے سامنے ہے کہ مسلم بورڈنگ ہاؤس کے طلباء ہندوستان کی کسی بھی قوم کے طلباء کے شانہ بہ شانہ قدم بہ قدم چل رہے ہیں۔ الغرض مولوی سمیع اللہ خان نے آزادی کی جنگ تیر و تفنگ سے تو نہیں لڑی مگر تعلیم کے بنیادی مسائل اور قوم کے بچوں کی ذہنی نشو نما کے لئے انھوں نے جس نہج پر کام کیا وہ ہم سب کے لئے مشعل راہ ہے۔

https://www.taemeernews.com/2022/03/muslim-boarding-house-allahabad.html

٭٭٭

کامریڈ: محمد علی جوہر کا ہفت روزہ اخبار

سید غلام ربانی

ساٹھ سال سے اوپر ہوئے، مسٹر محمد علی (اس وقت وہ مسٹر ہی کہلاتے تھے) کلکتہ سے دہلی آئے اور اپنے ساتھ اپنے کامریڈ کو بھی لائے۔ 'کامریڈ' ایک انگریزی ہفتہ وار اخبار تھا، بڑھیا کاغذ پر چھپتا تھا۔ اس کا معیار اتنا بلند تھا کہ انگلستان کے اخباروں کی ہمسری کرتا تھا۔ ملک میں اس کا مطالعہ ایک فیشن ہو گیا تھا۔ کالج کے طالب علم اپنی استعداد بڑھانے کے لئے اس کو پڑھتے تھے۔

کامریڈ کی "گپ" مشہور تھی۔ اس میں حالات حاضرہ پر طنز و مزاح کے پیرایہ میں تبصرہ ہوتا تھا۔ اس کے لکھنے والے ولایت علی بمبوق (وکیل بارہ بنکی) تھے۔ سروجنی دیوی اور سر نظامت جنگ کی نظمیں بھی اس اخبار میں چھپتی تھیں انگلستان میں اس کے خریدار دو تین سو تھے۔ آٹھ روپے سالانہ اس کا چندہ تھا، خریداروں کی تعداد آٹھ ہزار تھی، میں اس اخبار سے وابستہ تھا۔

ان دنوں جنگ بلقان زوروں پر تھی، بلقانی ریاستوں نے ترکوں کو نرغے میں لے لیا تھا۔ ملک کے مسلمانوں کو ترکوں سے ہمدردی تھی اس جنگ نے اور جوش پیدا کر دیا۔ مولانا محمد علی نے اخبار "ہمدرد" جاری کیا۔ اس کو انہوں نے ۲۲ / فروری ۱۹۱۲ء کے پہلے شمارہ کے افتتاحی مقالہ میں یوں بیان کیا ہے:

"ہمدرد جاری کرنے کا خیال کوئی فی البدیہہ نتیجہ فکر نہیں کہ وزن اور قافیہ کے قالب میں ڈھل کر ذرا دیر میں احباب کی مجلس میں ہل چل ڈال دے۔ کسی گھبرائے ہوئے دل کا عارضی جذبہ نہیں جسے قوت واہمہ پلک مارتے صورت کا لباس پہنا کر موجود کر دے، بلکہ یہ نتیجہ ہے اخباری دنیا میں عرصے تک رہ نوردی کرنے، سینکڑوں ٹھوکریں کھانے اور بہت سے نشیب و فراز دیکھنے کا، قوم کی زندگی کا خلوت کدوں سے لے کر بازاروں تک مطالعہ کرنے کا۔ ہم نے فیصلہ کیا تھا کہ قوم کے لئے ایک ایسا رفیق سفر تیار کریں جو منزل مقصود کو دور سے نہ دکھائے بلکہ گم گشتگان راہ کے ساتھ برہنہ پا ہو کر ایسے قصے کو پیدا کریں جو اصل داستان کو الف لیلہ کی طرح روز سنایا کرے اور جب تک قوم کی فلاکت اور نکبت ختم نہ ہو یہ داستان بھی ختم نہ ہو۔"

اب جاننے والے جانتے ہیں کہ جس غرض سے یہ اخبار جاری کیا گیا تھا، وہ کہاں تک پوری ہوئی یہ اخبار اس تیزی سے بڑھا کہ دیکھتے دیکھتے اس کی اشاعت پچیس ہزار پہنچ گئی جو اس زمانہ میں کسی اردو اخبار کے لئے ایک معراج تھی۔ اس کا سالانہ چندہ پندرہ روپے تھا اس نے مسلمانوں میں اخبار بینی کا شوق اور سیاسی شعور پیدا کیا۔ کامریڈ کی "گپ" کی طرح ہمدرد کا "تجاہل عامیانہ" مشہور تھا اس کو میر محفوظ علی بدایونی لکھتے تھے۔ مصر، فلسطین، شام اور ایران کے اخبارات دفتر میں آتے تھے ان کے اہم مضامین کے ترجمے ہمدرد میں چھپتے تھے۔

ہمدرد اور کامریڈ کے چیف ایڈیٹر مولانا محمد علی تھے۔ ان کے مددگاروں میں راجہ غلام حسین، سید جالب دہلوی، میر محفوظ علی بدایونی، قاضی عبدالعزیز، قاضی عبدالغفار، عارف ہسوی، غلام محمد طور، ضیاء الدین برنی، قاری عباس حسین شامل تھے۔ سید ہاشمی فرید آبادی غیر ملکی اخباروں کے ترجمے کر کے دیتے تھے۔ مولوی عبدالحق صاحب کو بھی

بلایا گیا تھا مگر وہ نہیں آئے۔ عملہ کے ارکان میں برادرانہ تعلقات تھے ایک دوسرے کو آدھے نام سے پکارتے تھے۔ عملہ ایک خاندان تھا جس میں محمد علی صاحب کی حیثیت صدر خاندان کی تھی۔ کبھی بیت بازی ہوتی تھی، چاندنی رات میں فالیز پر جاتے تھے، خربوزے اور تربوز کھائے جا رہے ہیں، اور مولانا شوکت علی سب کو ہنسا رہے ہیں۔

مولانا محمد علی جامع مسجد دہلی میں نماز کے بعد تقریر کیا کرتے تھے۔ دلی کے کمشنر نے ان کو منع کیا انہوں نے صاف کہہ دیا کہ اللہ کے گھر میں تقریر کرنے سے مجھے کوئی نہیں روک سکتا۔ ان کی تقریریں بہت جوشیلی ہوتی تھیں، لوگ شوق سے سنتے تھے، شہر میں وہ بہت مقبول ہو گئے اور یہیں سے ان کی لیڈری شروع ہو گئی۔

کامریڈ میں ٹرکش ریلیف فنڈ کھولا گیا، لوگوں میں اس قدر جوش تھا کہ روپے کی بارش ہونے لگی۔ انہی دنوں ترکی حکومت نے جنگ میں مالی امداد کے لئے پچاس لاکھ پونڈ کے قرض حسنہ کا اعلان کیا۔ ہمارے دفتر سے ترکی تمسکات بھی جاری ہوئے تھے۔ میں اس زمانہ میں ہمدرد اور کامریڈ کا خازن تھا۔

مولانا محمد علی نے ڈاکٹر انصاری کی قیادت میں ترکی کو طبی وفد روانہ کیا۔ اس وفد کی روانگی کا منظر دیکھنے کے قابل تھا۔ جامع مسجد دلی کے صحن میں جو مکبر ہے، اس کی سیڑھیوں پر وفد کے ارکان کھڑے ہوئے، سب فوجی وردی پہنے ہوئے تھے، ان کی ٹوپیوں پر ہلال احمر چمک رہا تھا۔ دلی والوں نے اللہ اکبر کے نعروں میں ان کو وداع کیا۔ اس وفد کے اخراجات کوئی چار لاکھ کے قریب ہوئے، جب یہ وفد واپس آیا تو اس کے حسابات کی جانچ مجھ سے ہی کرائی گئی تھی۔

کامریڈ کا دفتر کوچہ چیلان میں تھا، یہ ایک بہت بڑی دو منزلہ عمارت تھی، ایک حصے میں دفتر اور پریس تھا دوسرے حصہ میں مولانا محمد علی رہتے تھے۔

ایک دن ان کے ہاں کی ماما آئی اور مجھ سے کہا، بیگم صاحبہ (بیگم محمد علی) نے پچیس روپے منگائے ہیں صاحب کے سگار کے لئے۔ میں نے اس سے کہا بیگم صاحبہ کی چھٹی لاؤ، وہ چلی گئی، تھوڑی دیر میں پھر آ کے کہنے لگی، بیگم صاحبہ خفا ہو رہی ہیں، کہتی ہیں فوراً روپے لاؤ، میں نے پھر انکار کر دیا۔

انکار تو میں نے کر دیا مگر سوچنے لگا میاں بیوی کا معاملہ ہے، کہیں مولانا خفا نہ ہو جائیں۔ ان کا غصہ مشہور تھا۔ دوسرے دن دفتر میں بیٹھا کام کر رہا تھا کہ کسی نے پیچھے سے میرے کندھوں پر ہاتھ رکھ دیے اور زور سے دبایا، میں نے مڑ کر دیکھا تو مولانا محمد علی کھڑے مسکرا رہے تھے کہنے لگے:

"ربانی میں تم سے بہت خوش ہوا۔"

مجھے خوب یاد ہے، ایک دن شام کا وقت تھا مولانا نے اپنے کمرہ سے باہر آ کر پکارا محفوظ!

وہ اپنے کیبن سے نکل کر آئے، مولانا نے کہا بھئی، اب میں جلد گرفتار کر لیا جاؤں گا۔ بات یہ تھی کہ اس دن انہوں نے وہ معرکتہ الآراء مضمون لکھا تھا، جس کا عنوان "The Choice of the Turks" تھا اس میں ترکوں کو مشورہ دیا گیا تھا کہ وہ اتحادیوں کے خلاف جرمنی سے مل جائیں (یہ پہلی جنگ عظیم کی بات ہے)۔ کوئی دو ہفتے بعد ترکوں نے اتحادیوں کے خلاف اعلان جنگ کر دیا اور وہ جرمنی سے مل گئے۔ اب کیا تھا مولانا کو مہرولی میں نظر بند کر دیا گیا وہاں سے چھندواڑہ جیل پہنچا دئے گئے۔

اس طرح ہمدرد اور کامریڈ دونوں دم توڑ کر رہ گئے۔ مولانا نے صحافت کی جو بساط بچھائی تھی وہ الٹ گئی اور تمام مہرے تتر بتر ہو گئے۔ بلا مبالغہ کہا جا سکتا ہے کہ مولانا محمد علی کا دفتر صحافت کا ایک تربیتی ادارہ تھا چنانچہ ان کے مددگار اس فن میں پختہ ہو گئے

تھے۔ بعضوں نے اپنے اپنے اخبار نکالے۔

سید جالب صاحب لکھنو پہنچے اور وہاں سے روزنامہ 'ہمدم' جاری کیا جو بہت مقبول ہوا۔ قاری عباس حسین ہمدرد میں کام کرتے تھے۔ انہوں نے لکھنو سے "تمدن" جاری کیا، قاضی عبدالغفار صاحب نے کلکتہ سے "صداقت" نکالا۔ پھر "جمہور" جاری کیا۔ آخر میں حیدرآباد سے "پیام" جاری کیا۔

راجہ غلام حسین کامریڈ کے سب ایڈیٹر تھے، ان کی عمر مشکل سے تیس سال ہو گی مگر صحافت میں ایک پیر طریقت تھے۔ مولانا محمد علی آخر میں بہت بڑے لیڈر بن گئے، ان کا زیادہ وقت قومی اور سیاسی کاموں میں صرف ہوتا تھا۔ کامریڈ کی ادارت کا زیادہ بوجھ راجہ صاحب کے کندھوں پر تھا۔ انہوں نے لکھنو سے "نیوایرا [New Era]" نکالا، اس کے لئے روپیہ لکھنو کے سربر آوردہ حضرات نے دیا جس میں بڑی رقمیں وہاں کے ہندو وکیلوں اور بیرسٹروں نے دی تھیں، یہ اخبار کامریڈ کا جانشین تھا، وہی پالیسی، وہی ایڈیٹر اور وہی پڑھنے والے تھے۔ چنانچہ چند ہی مہینوں میں اس کی اشاعت ہزاروں تک پہنچ گئی۔ میں اس اخبار کا منیجر تھا، اس کی اٹھان غیر معمولی تھی، مقبولیت کا یہ حال تھا کہ ایک دفعہ اس کی اشاعت میں کچھ دیر ہو گئی تو مسز اینی بسنت نے راجہ صاحب کو خط لکھا:

"میرے پیارے بچے، تمہارا اخبار اب تک نہیں آیا، تم اچھے تو ہو؟"

سر اکبر حیدری نے ان کو حیدرآباد بلایا تھا مگر وہ 'نیوایرا' چھوڑ کر نہیں جا سکے۔ ایک دن شام کے وقت راجہ صاحب "ہندوستانی" کے ایڈیٹر کے ساتھ باتیں کرتے رفاہ عام کلب سے آرہے تھے، پیچھے سے ایک گھوڑا ٹم ٹم تڑا کر بھاگا آرہا تھا، اس نے راجہ صاحب کو اس زور کی ٹکر دی کہ وہ گر پڑے اور ایسے گرے کے پھر اٹھ نہ سکے۔ بے ہوشی کی حالت میں ان کو بلرام پور ہسپتال پہنچا دیا گیا۔ دوسرے دن الہ آباد اور کانپور کے کئی

سرجن آئے۔ دلی سے ڈاکٹر انصاری بھی پہنچ گئے۔ سب نے کوشش کی مگر تقدیر سے کون لڑ سکتا ہے۔

آٹھ دن وہ ہسپتال میں بے ہوش رہے، لکھنو میں وہ بے حد مقبول تھے، دن بھر ہسپتال کا احاطہ لوگوں سے بھرا رہتا تھا، تین آدمی دن رات ان کے پاس رہتے تھے۔ ایک چودھری خلیق الزماں، دوسرے اسحاق علی علوی (ایڈیٹر الناظر) اور تیسرا راقم الحروف۔ آٹھویں دن وہ اللہ کو پیارے ہو گئے۔

اب سوال یہ تھا کہ 'نیو ایرا' کی ادارت کون سنبھالے؟ مولانا محمد علی اس وقت بیتول جیل میں تھے، انہوں نے کہلوایا کہ ڈاکٹر عبدالرحمن بجنوری کو بلالیا جائے مگر بیگم صاحبہ بھوپال ان کو بہت عزیز رکھتی تھیں، وہ نہیں آسکے۔ آخر کار شعیب قریشی نے اخبار کو سنبھالا۔ شعیب قریشی صاحب "ینگ انڈیا" کے چوتھے ایڈیٹر تھے جب گاندھی جی جیل میں تھے، انہوں نے بڑے سلیقہ سے کام شروع کیا۔ اس زمانے میں چودھری خلیق الزماں اور عبدالرحمن سندھی نے بڑی مدد کی، بلا معاوضہ کئی مہینے کام کرتے رہے۔

'نیو ایرا' کی اشاعت میں خوب اضافہ ہو رہا تھا مگر حکومت کی نظر میں یہ اخبار کھٹک رہا تھا، چنانچہ اس کی ضمانت ضبط ہو گئی اور اس طرح نیو ایرا کا گلا گھونٹ دیا گیا، یہ کامریڈ کی دوسری موت تھی۔

کچھ اہم تاریخی واقعات:

۱۔ ۱۴/ جنوری ۱۹۱۱ء کو بروز سنیچر کلکتہ سے کامریڈ کا پہلا شمارہ شائع ہوا۔

۲۔ ۱۴/ ستمبر ۱۹۱۲ء کو کامریڈ کا آخری شمارہ (جلد ۴ شمارہ ۱۱) شائع ہوا۔

۳۔ ۱۲/ اکتوبر ۱۹۱۲ء کو دہلی سے پہلا شمارہ (جلد ۴ شمارہ ۱۲) شائع ہوا۔

۴۔ ستمبر ۱۹۱۴ء میں ضبطی ضمانت کی وجہ سے کامریڈ بند ہو گیا۔

۵۔ ۳۱/اکتوبر ۱۹۲۴ء کو دہلی سے کامریڈ دوبارہ جاری ہوا۔

۶۔ ۲۲/جنوری ۱۹۲۶ء کو ناقابل برداشت خسارے کی وجہ سے کامریڈ ہمیشہ کے لئے بند ہو گیا۔

https://www.taemeernews.com/2021/07/the-comrade-weekly-by-mohammad-ali-jouhar.html

※ ※ ※

ایسے تھے ابا حضور سی کے نائیڈو:
بیٹی چندرا نائیڈو کی زبانی

چندرا نائیڈو

سی۔ کے۔ نائیڈو (پیدائش: ۳۱/اکتوبر ۱۸۹۵ء، ناگپور - وفات: ۱۴/نومبر ۱۹۶۷ء، اندور)، کا اصل نام کوٹاری کنکیا نائیڈو تھا، مگر کرکٹ کی دنیا میں "سی۔ کے" کی عرفیت سے مشہور رہے۔ وہ ہندوستانی کرکٹ ٹیم میں دائیں ہاتھ کے بلے باز اور آف-بریک گیند باز رہے ہیں۔ ٹسٹ میچوں کے لیے قائم ہندوستانی کرکٹ ٹیم کے پہلے کپتان ہونے کا شرف انہیں حاصل رہا۔ انہوں نے ۱۹۵۸ء تک فرسٹ کلاس کرکٹ میں اپنے کھیل کی مہارت سے کرکٹ شائقین کو مسحور کیا۔ ان کے فن اور شخصیت پر تحریر کردہ زیر نظر خاکہ ان کی دختر چندرا نائیڈو کے زور قلم کا نتیجہ ہے جو اپنے دور کے ایک مقبول کھیل میگزین "اخبار نوجواں" سے اخذ کیا گیا ہے۔

یہ اس زمانے کی بات ہے جب کرنل سی کے نائیڈو فرسٹ کلاس کرکٹ سے ریٹائر ہوچکے تھے۔ وہ الہ آباد یونیورسٹی کی کرکٹ ٹیم کی کوچنگ کے لئے عارضی طور پر بلائے گئے تھے۔ اس وقت بھی ان کا یہ عالم تھا کہ گراؤنڈ پر تماشائی جس طرف مطالبہ کرتے اس طرف چھکا لگا دیتے تھے۔ اپنے زمانے میں چھکے لگانے کے لئے وہ بہت مشہور تھے اور مخالفوں کے چھکے چھڑا دیتے تھے۔ ہندوستانی رقص میں جس طرح اودے شنکر کا نام مشہور ہوا اسی طرح ہندوستانی کرکٹ میں سی کے نائیڈو نے ایک سنہرا باب لکھا۔ ملٹری کمانڈر کی

طرح سخت سی کے نائیڈو، سہگل اور کانن دیوی کے گیتوں کے دیوانے تھے اور اپنے خاندان کے لئے محبت بھرا دل رکھتے تھے۔ اوپر سے سخت مگر اندر سے نرم، یہ تھے کرنل سی کے نائیڈو۔

ان کی بیٹی چندرا نائیڈو نے اپنے باپ کی شخصیت کا ایک عکس اپنی یادوں کے آئینے میں پیش کیا ہے۔

آج کل کرکٹ کا دور دورہ ہے، جس گھر میں جائیے، جس محفل میں بیٹھئے، گھوم پھر کر بات کرکٹ کے کھیل اور کھلاڑیوں کے بارے میں ہونے لگے گی۔ ایسے میں فطری طور پر مجھے اپنے والد کی یاد آتی ہے۔ آنجہانی کرنل سی کے نائیڈو کے دور کا موازنہ آج کے دور سے نہیں کیا جاسکتا۔ بہت سی باتیں ذہن میں آتی ہیں۔

میرے والد کا زمانہ وہ تھا جب ہندوستان نے کافی تاخیر سے ٹسٹ کرکٹ کی دنیا میں قدم رکھا تھا۔ اگر ہندوستان ۳۰ یا ۴۰ برس اور پہلے ٹسٹ کرکٹ میں شریک ہو گیا ہوتا تو شاندار ریکارڈ کی کتابوں میں کرنل سی کے نائیڈو کا نام ہی صفحات پر ہوتا۔

ان کے زمانے میں آج کی طرح آئے دن ٹسٹ میچ نہیں ہوتے تھے۔ میرے والد کے ٹسٹ کیریئر میں دوسری جنگ عظیم کا وقفہ بھی شامل تھا جب کرکٹ کھیلنے والے ملکوں کو کھیل سے زیادہ جان بچانے کی فکر تھی۔

ان کے زمانے میں ایک روزہ کرکٹ کے مقابلے شروع نہیں ہوئے تھے ورنہ ان کی طوفانی بلے بازی نے مخالفوں کی دھجیاں اڑا دی ہوتیں۔ ریڈیو اور ٹی وی کے ذریعہ کرکٹ مقابلوں کے رواں تبصروں کا رواج بھی نہیں تھا، نہ کھلاڑی ویڈیو پر اچھے کھلاڑیوں کا کھیل دیکھ کر اپنا کھیل سنوارنے کی کوشش کر سکتے تھے۔

یہ سب کچھ نہیں تھا لیکن انہوں نے اپنے زمانے کی کرکٹ کی تاریخ میں اپنا نام 'سی

کے نائیڈو' ابھرے ہوئے روشن حروف میں لکھ دیا تھا۔ جہاں بھی وہ جاتے تھے دور دور سے لوگ ان کا کھیل دیکھنے آتے تھے۔ نوجوان ان کی طرح کھیلنے کا خواب دیکھتے تھے۔ آج بھی جب ہندوستانی کرکٹ کی تاریخ بیان کی جاتی ہے تو لوگ کرنل سی کے نائیڈو کا نام عزت محبت اور فخر کے ساتھ لیتے ہیں۔

بڑی رعب دار شخصیت تھی ان کی۔ آپ کسی پیڑ کا تصور اس کی جڑوں کے بغیر نہیں کر سکتے۔ پیڑ اپنی جڑوں کے ذریعے غذا حاصل کرتا ہے، وہ خود ایک تناور درخت تھے لیکن ان کی حیثیت ہندوستان میں کرکٹ کے لئے ایک مضبوط جڑ کی طرح تھی جس سے سب کو تقویت حاصل ہوتی تھی۔

میں بیٹی کی حیثیت سے اپنے باپ کو یاد کر رہی ہوں۔ میں کرکٹ کے کھلاڑی کی حیثیت سے انہیں یاد نہیں کر سکتی۔ پھر بھی ان کی ذات میرے لئے 'ہیرو' کا مقام رکھتی تھی۔ ایسی رعب دار اور دبدبہ والی شخصیت تھی ان کی، کہ جو بھی ان کے قریب آتا تھا ان کا احترام کرنے پر مجبور ہو جاتا تھا۔

ان کی بہت سی یادیں میرے ذہن میں محفوظ ہیں۔ وقت کی گرد ان پر آج تک نہیں جمی۔ ان کا تعلق مختلف واقعات سے ہے لیکن میرے لئے وہ کل کی بات لگتی ہے۔ کرنل سی کے نائیڈو آج دنیا میں نہیں ہیں۔ ان کے کارنامے لوگ بھولتے جا رہے ہیں اپنی محبوب ترین ذات کے بارے میں لکھتے وقت دشواری یہ ہوتی ہے کہ سمجھ میں نہیں آتا کیا لکھوں اور کیا نہ لکھوں۔

میں سمجھتی ہوں کہ انسان کا کھیل اس کی ذات سے الگ نہیں ہوتا۔ سی۔ کے میں انسان کی حیثیت سے جو خوبیاں تھیں وہی ان کے کھیل میں جھلکتی تھیں۔ وہ فرشتہ نہیں تھے، لیکن ان میں خامیاں کم تھیں اور خوبیاں زیادہ۔ اس بات کا ہماری تربیت پر گہرا اثر

پڑا۔ مجھ سے کرکٹ کے ایک پرستار کھانڈور نگنیگر نے کہا تھا:

"جب کرنل سی کے نائیڈو پویلین سے باہر قدم نکالتے تھے تو ان کی شاہانہ چال دیکھ کر ہمارے پیسے وصول ہو جاتے تھے"۔

سی۔کے کے دور میں ٹسٹ میچوں کا رواج نہیں ہوا تھا، ملک میں چو مکھی اور پنچ مکھی مقابلے ہوتے تھے، یعنی چار یا پانچ فریقوں کے درمیان ہوتے تھے۔

ایسے ہی مقابلوں میں سی۔کے نے پہلی بار حصہ لیا تھا، اور اس کے بعد وہ چھکے برسانے والے کرکٹر کی حیثیت سے مشہور ہو گئے تھے۔ جس میچ سے کرنل سی۔کے نائیڈو کو سارے ملک میں شہرت حاصل ہوئی وہ ۱۹۲۶ء میں کھیلا گیا تھا۔

آرتھر گلیگن [Arthur Gilligan] کی سرکردگی میں انگلینڈ سے ایم سی سی کی ٹیم ہندوستان آئی ہوئی تھی۔ بمبئی جیم خانہ گراؤنڈ پر بمبئی ہندو ٹیم کا ان کے خلاف دوروزہ میچ کھیلا گیا۔ ایم سی سی کی ٹیم نے پہلے دن ہی ۳۶۳ رن بنا دیئے، گائی ایرلے نے اس میں ۱۳۰ رن بنائے جس میں ۸ باؤنڈری شامل تھیں۔ اس طرح کی دھواں دھار بلے بازی بمبئی کے کرکٹ پریمیوں نے اس سے پہلے کبھی نہیں دیکھی تھی۔ لوگوں نے پہلے سے یہ طے کر لیا تھا کہ بمبئی ہندو ٹیم ان کے مقابلے میں بری طرح ہار جائے گی۔ شروعات سے بھی یہ معلوم ہوتا تھا آثار اچھے نہیں تھے۔ صرف ۸۴ رن بنے تھے اور تین کھلاڑی آؤٹ ہو چکے تھے اس کے بعد پانچویں نمبر کے کھلاڑی کی حیثیت سے سی۔کے نائیڈو بیٹنگ کرنے کے لئے آئے اور انہوں نے کھیل کا نقشہ بدل دیا۔ انہوں نے چوکوں اور چھکوں کی جھڑی لگا دی۔

ایم سی سی کی ٹیم میں اس زمانے میں انگلینڈ کے مشہور بالر ٹاٹے، ایسٹل، بو آنٹن، ویاٹ اور مرسر تھے۔ لیکن سی۔کے نے ان کی بولنگ کی بہت اچھی طرح دھنائی کی۔

دیکھنے والے ارلے کی بیٹنگ کو بھول گئے۔ انہوں نے صرف ۱۱۵ منٹوں میں ۱۵۳ رن بنائے، ان کے اسکور میں گیارہ چھکے اور ۱۳ چوکے شامل تھے۔ ان کی طوفانی بلے بازی کی خبر سارے شہر میں پھیل گئی۔ لنچ کے بعد جب کھیل شروع ہوا تو سی۔کے بیٹنگ کرنے میدان میں آئے، تو پویلین میں ہی نہیں، آس پاس کے ہر پیڑ اور مکان کی چھت پر تماشائیوں نے اپنی جگہ بنالی تھی۔ کہیں تل دھرنے کی جگہ نہیں تھی۔

ایڈورڈ ڈاکر نے اپنی کتاب "ہندوستانی کرکٹ کی تاریخ" میں سی۔کے کی ایک اننگس کا حال بیان کیا ہے:

"شٹاک! ایک چھکا پویلین کی داہنی طرف لگا، ایک اور چھکا بائیں طرف۔ تالیوں کا زبردست شور بلند ہوا، صرف یہی نہیں امپائر بھی اپنی ذمہ داریوں کو بھول کر جوش سے تالیاں بجانے لگے"۔

میرے والد کا یوم پیدائش وہی تھا جو سردار ولبھ بھائی پٹیل کا ہے۔ سردار پٹیل کے طرح وہ بھی مرد آہن تھے، مضبوط ارادوں کے آدمی۔ جب بھی کوئی مشکل گھڑی سامنے آتی تھی تو ان کے بہترین جوہر کھل کر سامنے آتے تھے۔ جتنی مشکل اور نازک صورت حال ہوتی تھی اتنا ہی زیادہ مقابلہ کرنے میں سی۔کے کو مزہ آتا تھا۔

وہ بہادر اور حوصلہ مند انسان تھے، گیند کتنی ہی تیز اور خطرناک کیوں نہ ہو وہ اس سے بچنے اور کترانے کی کوشش نہیں کرتے تھے۔ سی۔کے کے زمانے میں ہیلمٹ صرف میدان جنگ میں پہنے جاتے تھے کھیل کے میدان میں نہیں۔ اس لئے گیند اگر خطرناک ہوتی تو کھلاڑی کا جسم نشانہ بن جاتا تھا۔ ایک بار توپھاو کر کی گیند سی۔کے منہ پر لگی، بہت تیز اور خطرناک گیند تھی، ان کا ایک دانت ٹوٹ گیا انہوں نے دانت کو اور بہتے ہوئے خون کو تھوک دیا، خون کی بہتی ہوئی لکیر ان کی سفید شرٹ کو لال کر گئی۔ لیکن وہ طبی مدد

لینے کو راضی نہیں ہوئے ، انہوں نے بڑے اطمینان کے ساتھ پھاوکر کی اگلی گیند کھیلی، رومال سے منہ پونچھا اور پورا اوور کھیل گئے۔

مشکل کیسی ہو، کتنا ہی الجھا ہوا مسئلہ ہو، مایوسی ہو، محرومی ناکامی ہو، ان کے سامنے وہ کبھی نہیں گھبراتے تھے۔ دکھ اور درد کو اندر ہی اندر برداشت کرنے کی زبردست صلاحیت تھی۔ ان کی خودداری کبھی اپنی مجبوری اور پریشانی کا اظہار کرنے کی اجازت نہیں دیتی تھی۔ نہ وہ مشکل کے سامنے سر جھکاتے، نہ ہار تسلیم کرتے تھے۔

وہ فوجی نظم وضبط کے آدمی تھے اور سپاہی کی طرح ہر خطرے کو جھیلنے، اس کا سامنا کرنے کے لئے ہمت اور حوصلے کے ساتھ تیار رہتے تھے۔ ہمارے لئے دشواری یہ تھی کہ وہ ہم سے بھی اسی طرح کے طرز عمل کی توقع رکھتے تھے۔ ان کے سامنے تو ہم بھی بہادر اور آہنی انسان بنے رہتے تھے لیکن ان کی پیٹھ مڑتے ہی ہم پہلے کی طرح موم کے پتلے بن جاتے تھے۔

سی۔ کے مذہبی انسان تھے۔ بھاگوت گیتا سے انہیں تحریک اور حوصلہ مندی حاصل ہوتی تھی۔ وہ بھگوان کے سوا کسی سے نہیں ڈرتے تھے، بچپن سے انہوں نے بھی نڈر ہونا سیکھایا تھا، لیکن عجیب بات یہ تھی کہ ہم سب ان سے ڈرتے تھے۔ شیوراتری، گوڑی پرو، گنیش چترتھی، درگا پوجا اور لکشمی پوجا یہ سارے تیوہار ہمارے گھر میں بڑے جوش اور اہتمام کے ساتھ منائے جاتے تھے۔ جنم اشٹمی کے موقع پر عموماً بچوں کی آنکھیں لگ جاتی تھیں لیکن پتاجی آدھی رات تک جاگتے اور گیتا پڑھتے رہتے تھے۔ یہی گھڑی شری کرشن کے جنم کی بتائی جاتی ہے۔ ماتاجی ان کا ساتھ دیتی تھیں، وہ ہارمونیم پر تیاگ راج کے بھجن گاتی رہتی تھیں۔ میری ماتاجی اسٹیج پر نہیں گاتی تھیں، لیکن ان کی آواز بہت میٹھی اور سریلی تھی، جب وہ گاتی تھیں تو سماں بندھ جاتا تھا۔

ہمارے خاندان کی ایک اور خصوصیت ایسی تھی جسے میں بھلا نہیں سکتی۔ ہمارے گھر میں صرف ہندو تیوہار ہی نہیں منائے جاتے تھے بلکہ محرم اور کرسمس کے تیوہاروں کا بھی اسی طرح اہتمام ہوتا تھا۔ سی۔کے ناگپور کے تاج الدین بابا کے گہرے معتقد تھے۔ کرسمس کے دن ماتاجی کیک بناتی تھیں، ہم بچوں کے لئے کیک تیار ہوتے اور اس کے کٹنے کا انتظار کرنا بڑی آزمائش ہوتی تھی۔

کرکٹ شرافت کا دوسرا نام ہے، کرکٹ کے کھلاڑی کے گھر میں مذہبی تعصب اور فرقہ وارانہ نفرت کی کوئی گنجائش نہیں تھی۔

کھیل کے میدان میں یا اس کے باہر پتاجی سیدھے سادے، صاف ستھرے آدمی تھے۔ چھکا، پنجا اور داؤں پیچ، سے انہیں کوئی لگاؤ نہیں تھا۔ ان دنوں چاروں طرف خوشامد، خود غرضی، لالچ اور گھٹیا پن کا رواج ہے تو میں ان کو زیادہ محبت، عزت اور تعریف کے ساتھ یاد کرتی ہوں۔ نہ وہ خوشامد کرتے تھے، نہ چاپلوسی پسند کرتے تھے، نہ ادھر اُدھر کی فضول باتیں پسند کرتے تھے۔ اپنے کردار اور شخصیت کی وجہ سے سی۔کے نائیڈو نے اپنے حلقے میں عزت اور محبت حاصل کی تھی۔

وہ نظم وضبط کے بہت سختی سے پابند تھے، کرکٹ کے میدان میں ان کے ساتھیوں کو اور گھر میں ہم لوگوں کو اس کا تجربہ تھا۔ ہم سب ان کے غصے سے ڈرتے تھے، اس کا نتیجہ یہ ہوا کہ اگر ڈسپلن کے معیار کو جانچنے کے لئے مقابلہ ہوتا تو یقیناً ہمیں یعنی سی۔کے بچوں کو ضرور انعام ملتا۔

بظاہر سی۔کے بہت سخت آدمی نظر آتے تھے وہ ہر معاملے میں سو فیصدی ملٹری کمانڈر تھے، فرض کے معاملے میں وہ کسی طرح کی ڈھیل اور تساہلی برداشت کرنے کو آمادہ نہ تھے۔ کام ختم ہو جانے کے بعد وہ پرسکون ہو جاتے تھے۔ میدان میں ان کے

ساتھی کھلاڑی ان سے مرعوب رہتے تھے، ان کی اجازت کے بغیر ایک گھونٹ پانی پینے کی ہمت کسی میں نہیں تھی۔ لیکن کھیل ختم ہونے کے بعد یہی لوگ ان کی صحبت میں بیٹھنے کے خواہش مند ہوتے تھے۔ سی۔ کے کی باتیں سننے میں ان کے ہم جلیسوں کو بڑا لطف آتا تھا۔ ان کی معلومات کا دائرہ بہت وسیع تھا، جب وہ کسی موضوع پر گفتگو کرتے تھے تو ایسا لگتا تھا کہ کوئی انسائیکلوپیڈیا کھل گیا ہے۔

فرض کے معاملے میں انتہائی سخت ہونے کے باجود ان کی شخصیت میں کئی نرم گوشے بھی تھے، جب خاندان کا کوئی شخص بیمار ہوتا تھا، امتحان سر پر ہوتا یا کوئی اور مشکل سامنے ہوتی تو ان کی محبت کا مظاہرہ ہوتا تھا۔ ماتاجی نے مجھے بتایا کہ جب میں بہت چھوٹی بچی تھی، میں کسی جگہ گر پڑی اور کئی گھنٹے بیہوش رہی، پتاجی کو کلب سے بلوایا گیا وہ بھاگتے ہوئے گھر آئے، پریشان ہو کر مجھے گود میں لئے بیٹھے رہے، جب تک ڈاکٹر نہیں آیا اور مجھے ہوش نہیں آگیا وہ اپنی جگہ سے نہیں اٹھے۔

جب میری چھوٹی بہن بیمار ہوئی اور نرسنگ ہوم میں داخل کی گئی تو پتاجی ہر وقت اس کے بستر کے قریب رہتے تھے۔ ان کے چہرے پر پریشانی اور اضطراب کے آثار نظر آتے تھے۔ اسی طرح جب میری ماں بیمار ہوئیں اور انہیں اسپتال میں داخل کرانے کی نوبت آئی تو پتاجی ایک دن بھی کلب نہیں گئے ورنہ وہ روزانہ بڑی باقاعدگی سے کلب جاتے تھے۔ وہ ماں کے بستر کے قریب بیٹھے رہتے تھے، وہ بہت اکیلے کھوئے کھوئے اور ٹوٹے نظر آتے تھے۔ جس دن ماتاجی کو اسپتال سے ڈسچارج کیا گیا تو سی۔ کے نے سارے گھر کو صاف کرایا، ہر طرف ڈھیر سارے پھول سجائے اس طرح انہوں نے ماتاجی کے اسپتال سے گھر آنے کا جشن منایا۔

امتحان کے زمانے میں تیاری کے سلسلے میں خاص طور پر جب حساب کی مشکل

آسان کرنے کے لئے ان کی مدد لیتی تھی۔ کرکٹ پریکٹس یا ٹینس کھیلنے کے بعد جب وہ تھکے ہوئے گھر کے اندر داخل ہوتے تھے تو میں ان کے سر پر سوار ہو جاتی تھی۔ اور وہ اپنی تھکن کی پرواہ کئے بغیر میری مدد کرنے بیٹھ جاتے تھے۔ جب تک میرا مسئلہ حل نہیں ہو جاتا تھا تو وہ کھانا بھی نہیں کھاتے تھے۔

انگریزی زبان میں بھی وہ میرے استاد تھے، انگریزی زبان پر ملکہ انہیں میرے دادا سے وراثت میں ملا تھا۔ دادا کی انگریزی زبان پر قدرت بہت مشہور تھی۔ جو وہ بولتے تھے، جو وہ لکھتے تھے وہ سکہ مانا جاتا تھا۔ لوگ ان کی انگریزی کی پیروی کرنے کی کوشش کرتے تھے، طلبا کو ان کے نقش قدم پر چلنے کی ہدایت کی جاتی تھی۔

اگر انگریزی کے کسی لفظ کے معنی، مفہوم اور استعمال کے بارے میں مجھے کوئی شبہ ہوتا تھا تو ڈکشنری کھولنے کے بجائے میں پتا جی سے پوچھ لیتی تھی۔ ایک بار ان کو خط لکھتے وقت کوئی محاورہ میرے قلم سے نکل گیا جواب میں انہوں نے ڈانٹ کر لکھا:

"شریف عورتیں یہ محاورہ استعمال نہیں کرتیں، آئندہ کسی کو مت لکھنا"۔

بہت کم لوگ یہ جانتے ہیں کہ میرے پتا جی کو سنگیت سے بھی لگاؤ تھا، انہیں کلاسیکی سنگیت کا شوق تھا۔ جب بھی ریڈیو سے کسی اچھے گلوکار کا پروگرام نشر ہوتا تھا، تو وہ اس کے الاپ، لے کاری اور راگ کی ادائیگی میں ڈوب جاتے تھے۔ اس وقت ان کو دین دنیا کا ہوش نہیں رہتا تھا۔ لائٹ میوزک میں انہیں کندن لال سہگل اور کانن دیوی کے نغمے بہت پسند تھے۔ ان دونوں کے ریکارڈوں کا بہت بڑا ذخیرہ ان کے پاس تھا۔

سانولے، لمبے تڑنگے، پتاجی دیکھنے میں راجا مہاراجہ لگتے تھے۔ عادتیں بھی ویسی ہی تھیں، کبھی لباس پر شکن نہیں ہوتی تھی۔ اچھا کھانے اور اچھا پہننے کا شوق تھا۔ وقت کے بہت سختی سے پابند تھے شاید خبط کی حد تک۔ صفائی کے بارے میں یہی حال تھا۔ کہیں

دھول کا ذرہ نظر آجائے، کاغذ کا کوئی ٹکڑا زمین پر ہو، کوئی کرسی اپنی جگہ سے کھسکی ہوئی ہو ان میں سے کوئی بات ہو وہ بگڑ جاتے تھے۔

ایسے تھے سی۔ کے نائیڈو!

بچوں کے لئے نانا، قریبی، دوستوں کے لئے سی۔کے، جاننے والوں کے لئے کرنل۔ جو لوگ ان سے محبت کرتے تھے، ان کی عزت کرتے تھے، ان کا حکم مانتے تھے، ان سب کے لئے کرنل صاحب!

ان کے زمانے میں کون ایسا تھا جو ان سے محبت اور ان کی عزت نہیں کرتا تھا۔

https://www.taemeernews.com/2021/07/c-k-nayudu-first-indian-captain-cricket.html

٭٭٭

پنڈت دینا ناتھ مدن معجز دہلوی: مترجم گیتا کی ادبی خدمات

ڈاکٹر محمد آصف زہری / آصف مبین

پنڈت دینا ناتھ مدن معجز دہلوی ایک ممتاز علمی خاندان کے فرد تھے۔ افسوس کہ معاصر کتابوں میں ان کی زندگی اور تعلیم و تربیت کے بارے میں کوئی تفصیل نہیں پائی جاتی۔ ان کے ذریعے کیے گئے گیتا کے ترجمے "مخزنِ اسرار" کی اشاعت پر کچھ روزناموں اور رسالوں نے ان کے ذاتی کوائف اور خاندانی حالات پر تبصرہ کیا تھا۔ اِن ضمنی باتوں کو یکجا کرنے سے جو صورت بنتی ہے، وہ پیشِ خدمت ہے۔

پنڈت دینا ناتھ مدن معجز دہلوی کی پیدائش ان کے آبائی مکان لال حویلی محلہ چوڑیگران، دہلی میں ہوئی۔ وہ شاہجہان آباد کی ان مایۂ ناز شخصیات میں تھے جنھوں نے اپنی علمی و اَدبی خدمات کے ذریعے اِس تاریخی شہر اور اس کی تاریخ کو فضیلت بخشی۔ آپ کا تعلق کشمیر کے ایک مقتدر اور صاحبِ علم خاندانی سلسلے سے تھا جسے دہلی کی سماجی زندگی میں "مدن فیملی" کے نام سے جانا جاتا تھا۔ اِس خانوادے کے اَرکان شروع سے ادبی مشاغل میں مصروف رہے۔ معجز دہلوی کے والد مرحوم رائے بہادر پنڈت جانکی ناتھ مدن سنسکرت، فارسی اور اردو کے بڑے عالم ہونے کے ساتھ عرفان حقیقی و عشق الٰہی کے

حامل تھے۔ آپ نے اردو زبان میں شریمد بھگوت گیتا کا بے نظیر ترجمہ "فلسفۂ الوہیّت" کے نام سے کیا۔ پنڈت جانکی ناتھ مدن کی ایک تصنیف برہم درشن گرنتھ بھی ہے۔

معجز دہلوی کے برادرِ معظم پنڈت اَمرناتھ ساحر بحرِ علم کی شناوری کے ساتھ ادبِ عرفان کے بھی ذائقہ شناس تھے۔ وہ اپنے زمانے میں علم و عرفان کی ایسی غنیمت ہستی تھے، جس کی ذات سے علم وادب اور طریقت و حقیقت کا چراغ روشن تھا۔ ساحر کا دیوان موسوم بہ "کفرِ عشق" جون ۱۹۳۷ء میں امپیریل پرنٹنگ پریس دھلی سے چھپا تھا۔ اس اشاعت کی پیشانی پر ساحر کے دو شعر درج ہیں اور حق ہے کہ یہ شعر نہ صرف ساحر بلکہ اس پورے خاندان کی فکری واخلاقی قدروں کے ترجمان ہیں:

پیا ہے میکدۂ عشق میں وہ جامِ فنا
کہ بیخودی میں نہ صورت رہی نہ نام رہا
امید و بیمِ ثواب و عذاب سے چھوٹا
صفائے قلب سے ساحر تراغلام رہا

ساحر کے دیوان کا دیباچہ معجز نے رقم کیا ہے۔ معجز نے اپنے بھائی پنڈت امرناتھ ساحر دہلوی کی شاعری پر جو باتیں لکھیں، یہ وہی باتیں ہیں جو خود ان کی اپنی شاعری پر صادق آتی ہیں گویا ساحر کے پردے میں معجز کا تذکرہ کر گئے اور ذکرِ یار میں ذکرِ ذات والی بات پیدا ہو گئی، لکھتے ہیں:

"معجز ہیچمدان۔۔۔ اَربابِ سخن شناس و نکتہ رس کی توجہ اس مجموعہ غزلیاتِ اردو کی طرف منعطف کراتا ہے جو اوس کے برادرِ معظم جناب پنڈت اُمرناتھ صاحب مدن ساحر دہلوی کے کلام راحت انجام سے حال میں مرتب ہوا ہے۔ حضرتِ ساحر نے یہہ غزلیں وقتاً فوقتاً مختلف مشاعروں کی طرحونپر ارشاد فرمائی ہیں تاہم انمیں ایک خاص رنگِ سخن

موجود ہے جو اہلِ نظر کو غور کرنے سے معلوم ہوگا۔ ہر غزل کا موضوع کوئی مسئلہ توحید و تصوف کا ہے جسکا نام پیشانی پر درج ہے چنانچہ اس التزام کے بموجب غزل اور نظم کے مقاصد کی یکجائی نظر آتی ہے اور ہر ایک شعر شرح چاہتا ہے۔"(۱)

حق یہ ہے کہ اردو زبان کے ذریعے ہندو فلسفہ کی نشر واشاعت میں اس خاندان نے جو حصہ لیا ہے اس کی مدّت مدید تک قدر کی جائے گی اور آئندہ نسلیں اس پر فخر کریں گی۔ جو ادبی و علمی ورثہ اور خداشناسی کا جو ماحول معجز دہلوی کو ملا، یہ ناممکن تھا کہ وہ اپنے خاندانی ماحول سے غیر متاثر رہتے چنانچہ سنسکرت میں ہندو فلسفہ کے بارے میں جو زبردست اور معرکۃ الآرا کتابیں موجود ہیں ان کو اس وقت کی لنگوا فرینکا یعنی اردو زبان میں منتقل کرنے کے کام کو انھوں نے اپنا وظیفہ بنالیا۔

ادبی خدمات

معجز دہلوی کی علمی حیثیت اور ادبی فضیلت کا اعتراف اس وقت کی ممتاز شخصیات نے کیا ہے۔ خاندانی ورثے اور علمی دلچسپی و لگن کی بدولت انھوں نے اس وقت کی علمی و ادبی سوسائٹی سے اپنا لوہا منوایا۔ ان کے علمی ورثے میں نثر کے ساتھ ادبی منظوم تراجم بھی شامل ہیں۔ "مخزنِ اسرار"، "پیامِ سالک" کے علاوہ ایک مجموعۂ غزلیات بنام "گلزارِ معانی" ان کے علمی و ادبی مرتبے کے گواہ ہیں، ایک ایسا کمال جو علمی بھی تھا اور فنی بھی۔ ایک چیز جو دورانِ مطالعہ شدت کے ساتھ محسوس ہوئی، وہ ان کی شاعرانہ صلاحیت ہے جس میں گہرائی و گیرائی کا وصف کوٹ کوٹ کر بھرا ہوا تھا۔ معجز کی کوئی بھی تخلیق ان کی شاعرانہ دلچسپی نہیں بچ سکی۔ گیتا کے علوم و معارف کو تصوف کی سنجیدہ اور بھاری اصطلاحات میں بیان کرتے وقت بھی ان کا شعری شعور اپنا کام کرتا رہا اور زیر تخلیق مضامین کے کتنے ہی باریک نکتے ہیں، جن پر غزلوں کی آمد ہوئی۔ رہی معجز کی شاعری، تو

ان کے برادرِ بزرگ پنڈت اَمر ناتھ ساحر دہلوی کی زبان میں کہہ سکتے ہیں:

زبانِ شستہ و فکرِ بلند و جذبۂ عشق
اِنہیں کا ایک مرکّب ہے شاعری کیا ہے

پنڈت دینا ناتھ مدن معجز دہلوی کی نثری و نظمیہ تالیفات کا اعتراف مختلف اوقات میں ہوتا رہا ہے۔ مثلاً "مخزنِ اسرار" کی اشاعت پر اس وقت کی سیاسی، سماجی و ادبی شخصیات کی رائیں اور اخبارات و رسائل کے وہ تبصرے جو مخزنِ اسرار کی ابتدا میں شامل ہیں۔ اِن میں سے کچھ کا ذکر یہاں مناسب ہے۔

روزانہ "وطن" دہلی اپنی اشاعت مؤرخہ ۲ / فروری ۱۹۳۱ء کے اپنے تبصرے میں لکھتا ہے:

"ہم تنقید و تبصرہ کی تمام ذمہ داریوں کو مدِّ نظر رکھ کر یہ کہہ سکتے ہیں کہ پنڈت دینا ناتھ صاحب معجز گیتا کے منظوم ترجمہ میں بدرجۂ اتم کامیاب ہوئے ہیں۔"

اخبار "ریاست" دہلی بابت ماہ جنوری ۱۹۳۱ء "مخزنِ اسرار" کے حوالے سے معجز کی علمی و ادبی صلاحیتوں کا ذکر کرتے ہوئے لکھتا ہے:

"بھگوت گیتا ایک روحانی کتاب ہے۔ ہمیں خوشی ہوئی کہ اِس کو اردو نظم کا جامہ بھی ایک ایسے انشا پرداز نے پہنایا ہے جس کو بظاہر روحانیت سے خود بھی شغف ہے۔ اردو اشعار نہایت سلیس اور عام فہم ہیں اور اصل کتاب کے نفس مطلب کو کہیں ہاتھ سے نہیں جانے دیا ہے۔ ہمارے خیال میں شریمد بھگوت گیتا کا اس سے بہتر ترجمہ آج تک ہندوستان کی کسی زبان میں نہیں ہوا۔ جناب معجز دہلوی نے اس اہم ادبی و روحانی خدمت کو انجام دیکر نہ صرف ہندو بلکہ دنیائے تصوّف پر احسان کیا ہے۔"

اس کے علاوہ دہلی ہی کے اخبار "تیج" نے مؤرخہ ۲۱ / اگست ۱۹۳۰ء کو مخزنِ اسرار

پر ریویو لکھا۔ رسالہ "چاند" الہ آباد بابت ماہ جنوری ۱۹۳۱ء اور رسالہ "زمانہ" کانپور بابت ماہ ستمبر ۱۹۳۰ء اور اِن کے علاوہ دیگر اخبارات و رسائل نے "مخزن اسرار" مذہبی و ادبی افادیت اور معجز کے ہنر و فن پر اپنا تبصرہ تحریر کیا۔

مخزنِ اسرار

یہ شریمد بھگوت گیتا کے اٹھارہ ادھیاؤں کا اردو میں نظم میں نہایت سلیس اور عام منتر وار فہم ترجمہ ہے جو بلحاظ چستی و بندش اور اختصارِ مضمون اپنی نظیر آپ ہے۔ معجز دہلوی کے اس ترجمے کو دہلی پرنٹنگ ورکس دہلی نے تیسری بار ماہ جون ۱۹۳۰ء میں شائع کیا۔ معجز نے ترجمے کے لیے اردو زبان کا انتخاب کیوں کیا؟

اِس سوال کا جواب ہمیں مخزنِ اسرار کے ابتدائیہ میں ملتا ہے جہاں معجز دہلوی لکھتے ہیں:

"تاریخ ہند بتلاتی ہے کہ قریباً چھ صدی کا عرصہ ہوا جب ہندی بھاشا اور فارسی زبان کے اتّصال نے دہلی کے پایہ تخت میں اردو زبان پیدا کی جو وقتاً فوقتاً شعرائے باکمال اور انشاپردازانِ شیریں مقال کے زیرِ سایہ پرورش پاکر اپنے شباب کی جانب بڑھتی رہی۔ ایسے وقت پروردگار کے فضل سے ایک مغربی تہذیب کے معلّم نے اس کی تعلیم کا سلسلہ شروع کر دیا جو قریباً ایک صدی سے اب تک جاری ہے۔ ہندی اور فارسی زبانیں ایشیائی ممالک میں رائج تھیں اِس لئے وہ اہل مشرق کے خیالات اور جذبات سے معمور تھیں اور دونوں کا علمِ معاد سے خاص تعلق تھا۔ مغربی تہذیب نے اس ملک میں رواج اور رسوخ پاکر نئے طرزِ خیال و جذبات کو اردو زبان میں داخل کیا اور ہر کس و ناکس کو علمِ معاش کی طرف رجوع دلایا۔"(۲)

مخزنِ اسرار میں بھگوت گیتا کے فلسفیانہ نتائج سے بحث کرتے ہوئے انسانی زندگی

میں اس کی تطبیق کی صورتیں پیش کی گئی ہیں۔ طریقۂ بحث اسلامی تصوف و طریقت کا انداز لیے ہوئے ہے۔ معجزؔ اس سے قبل گیتا کے سات اَدھیاؤں کا منظوم اردو ترجمہ کر چکے تھے جو ۱۹۱۵ء میں شائع ہو کر ارباب دانش سے سندِ قبول حاصل کر چکا تھا۔ گیتا کا یہ مکمل ترجمہ اس کے کچھ سال بعد مکمل ہو کر شائع ہوا۔ اس ترجمے کی اشاعت پر دہلی کے اخبار "ریاست" نے اپنے تبصرے میں لکھا تھا:

"بھگوت گیتا کے دامن میں تصوف اور فلسفہ کے جو بیش قیمت جواہرات پوشیدہ ہیں وہ ارباب نظر سے پوشیدہ نہیں۔ باوجودیکہ اس کتاب کی متعدد شرحیں لکھی جا چکی ہیں لیکن یہ وہ سمندر رہے کہ اس میں جس قدر غواصی کی جاتی ہے اسی قدر قیمتی لآلیِ روحانیت برآمد ہوتے ہیں۔"(۳)

اِبتدا میں منظوم دیباچہ اور اس کے بعد نقشوں کی تفصیل ہے۔ کتاب کا دیباچہ منظوم ہے اور خود مترجم کے ہاتھ کا لکھا ہوا ہے۔

دیباچۂ منظوم

بصیرت کی نظر سے حق و باطل دیکھتے جاؤ
خدائی اور خودی کی حدِّ فاصل دیکھتے جاؤ
ادھر ہے شانِ یکتائی اِدھر سامانِ نیرنگی
برابر وحدت و کثرت کی محفل دیکھتے جاؤ
اگر کچھ دیکھنا منظور ہے چشمانِ باطن سے
صفا کا آئینہ رکھ کر مقابل دیکھتے جاؤ
بشر کی ہستئِ موہوم کو اِس بحرِ عالم میں
حباب آسا علیحدہ اور شامل دیکھتے جاؤ

ازل سے نطقِ انساں میں ہے حرف وصوت کی شرکت
مرکّب لفظ میں معنی کو داخل دیکھتے جاؤ
وفورِ عشق کا انجامِ باہم بے حجابی ہے
نگاہِ قیس سے لیلیٰ کا محمل دیکھتے جاؤ
رموزِ باطنی کے لطف سے محروم واعظ کی
طبیعت گلشنِ رضواں پہ مائل دیکھتے جاؤ
تماشا گاہِ عالم میں غرضمندوں کی نظروں کے
مقابل پردۂ پندار حائل دیکھتے جاؤ
غمِ دنیا و مافیہا سے حاصل کر کے یک سوئی
دلِ بے مدّعا میں جذبِ کامل دیکھتے جاؤ
رضائے ناخدا پر چھوڑ کر کشتی تلاطم میں
توکّل کی نگہ سے سوئے ساحل دیکھتے جاؤ
بزرگانِ سلف کا شاہراہِ دین و دنیا میں
نشانِ نقشِ پا منزل بہ منزل دیکھتے جاؤ
انانیّت جدا کر کے بنی آدم کی خِلقت میں
خمیرِ آب و باد و آتش و گِل دیکھتے جاؤ
محاسب بن کے نیکی و بدی کا لوحِ ہستی پر
حسابِ عمر کی باقی و فاضل دیکھتے جاؤ
کبھی تو عکسِ محبوبِ حقیقی روبرو ہو گا
نگاہِ شوق سے آئینۂ دِل دیکھتے جاؤ

یہ مانا ساری دنیا سیر گاہِ حسن ہے معجز
جو جلوہ ہے نگاہ و دل کے قابل دیکھتے جاؤ

یہ منظوم دیباچہ نہیں بلکہ خدا پرستی اور بھکتی کے عارفانہ نکتوں اور قلندرانہ جلووں کی ایک مالا ہے جو مصنف نے تیار کر دی ہے۔ غور سے دیکھیے تو منظوم دیباچہ ان تمام بنیادی نکات کو شامل ہے جو مقدس گیتا کی تعلیمات سے ابھرتے ہیں۔

دیباچے کے بعد "جلوۂ جہاں نما" کے نام سے ایک نقشہ ہے جس میں بھگوت گیتا کے روحانی فلسفہ کو مختلف منازل طریقت میں تقسیم کیا گیا ہے۔ آپ نے طریقت کی منزلوں کو جس طرح نقشے کے ذریعے سمجھایا ہے اس سے مترجم کی تعلیماتِ تصوف میں دسترس اندازہ ہوتا ہے۔ یہ نقشہ گیتا کے عارفانہ مضامین پر مشتمل ہے اور کوزے کو دریا میں بند کرنے کی اچھی مثال ہے۔ ایک نظر میں پیش آمدہ تفصیل کا اجمال نگاہوں کے سامنے ہوتا ہے۔ جس طرح جنت اور دوزخ کے مقامات کے بیان کے لیے ابنِ عربی اور ورجِل نے طربیہ خداوندی میں نقشوں کی تفصیل سے کام لیا ہے، اسی طرح 'مخزنِ اسرار' کے فاضل مصنف نے کتاب کی ہر منزل کو ایک طلسم حیرت سے باندھ رکھا ہے۔ اگلی بحث میں مصنف نے "فلسفہ بھگوت گیتا پر ایک نظر" کا عنوان قائم کر کے گیتا کی باطنی تعلیمات کو ذہن نشین کرانے کی کوشش کی ہے۔

"فلسفہ بھگوت گیتا پر ایک نظر"؛ کتاب کے اِس حصے کو گیتا کے رموز و معرفت کا نچوڑ کہنا چاہیے۔ یہ جز معجز دہلوی کے اوصافِ باطنی کا مظہر ہے۔ اَدھیا کے معنی کے لیے تصوف کی اصطلاح کا استعمال کیا گیا ہے اور اسے منزل کا نام دیا گیا ہے۔ پھر اس اصطلاح کا مفہوم اسلامی تصوف کی زبان میں سمجھا کر پورے اَدھیا کا خلاصہ "نشانات" کے نام سے دیا گیا ہے۔ مثلاً پہلے اَدھیا کا نقشہ کچھ یوں بٹھایا ہے:

نمبر اَدھیا:۱

منزل: پندارِ خودی

طریقت: پابندیِ افعال

نشانات: انسان میں جہل و اضطراب کی حالت کو پابندیِ افعال کہتے ہیں یعنی جبتک اسکی عقل پر خودی کا پردہ پڑا ہے اور اسکا دل بیم و امید میں گرفتار ہے، وہ علمِ ذات کی آزادی سے محروم رہتا ہے۔ اس نقص کو رفع کرنیکے لئے جسم و جاں کی حقیقت کا انکشاف جسے تمئیزِ حق و باطل کہتے ہیں لازمی ہے۔(۴)

پانچواں اَدھیا (منزل: رموزِ معرفت، طریقت: ترکِ تمنا) کے عارفانہ نکات کو "نشانات" کی شکل میں کچھ یوں بیان کیا ہے:

"نظامِ ہستی میں مادّی اراذی اور علمی تین تثلیث موجود ہیں جن پر یہ ہر دو طریقت یکساں حاوی ہیں۔ ثلاثہ کو توحید میں محو کرنا حقیقت کا درجہ کہلاتا ہے۔ توحید کا جلوہ تثلیث میں مشاہدہ کرنا معرفت ہے۔ جو کوئی علمِ حقیقت میں درجۂ کمال پر پہنچتا ہے اسے مجذوب کہتے ہیں اور جو رموزِ معرفت سے آگاہ ہو جاتا ہے وہ سالکِ نامزد ہوتا ہے۔ ایسی بزرگ ہستیوں سے جتنے افعال لازمی وقوع میں آتے ہیں ان کا وجود عدم کے برابر ہو جاتا ہے۔ افعال میں ترکِ افعال اور ترکِ افعال میں افعال کا مشاہدہ اِسی کیفیت کا بیان ہے اور حیاتِ انسانی بسر کرنے کا یہ سب سے اعلیٰ اصول ہے۔ لیکن اس نصب العین پر قیام کیلئے مزاولت درکار ہے۔ چنانچہ صاحبانِ باکمال علمِ ذات سے مستفیض ہو کر بھی بہر کٹی یعنے شغلِ شمسی پر توجہ رکھتے ہیں کہ اس پر عمل کاربند ہونیسے انکی عقلِ سلیم کو حواس گمراہ نہیں کرسکتے۔"(۵)

اِس طریقے سے یہ گیتا کے اسرار کے "خلاصے" والی بات اٹھارہوں اَدھیا تک جاتی ہے۔ اس میں جو تحقیقات درج کی گئی ہیں دلچسپ اور مفید ہیں اور ان پر بحث کرنے کے لیے ایک علیحدہ مضمون کی ضرورت ہے۔ یہ بات دھیان دینے کی ہے کہ مصنف نے ہر مرحلے پر ترتیب وانتظام کا خاص خیال رکھا ہے۔ تاکہ پڑھنے والے کا ذہن مطلب کو پانے اور مفہوم کو اخذ کرنے میں کوئی دشواری نہ محسوس کرے۔ یہ پورا بیان بذات خود ایک چھوٹی گیتا اور صاحبانِ ذوق کے لیے خاصے کی چیز ہے۔ معجز نے ہندو میتھالوجی کے فلسفے کو تصوف کی اصطلاحات و بیان کے پردے میں اس طرح پیش کیا ہے کہ برصغیر کی اِن دونوں قوموں کی توجہ کی چیز بن گئی ہے۔ یہ بتانے کی چنداں ضرورت نہیں کہ گیتا کے ترجمے سے پہلے ان فلسفیانہ مباحث کی اپنی اہمیت ہے اور منظوم ترجمہ پڑھتے وقت یہی نکات پس نوشت کے طور پر کام آتے ہیں۔

اس کے بعد منظوم ترجمہ شروع ہوتا ہے۔ شروع سے آخر تک اس ترجمہ کو مسلسل دلچسپی کے ساتھ پڑھ سکتے ہیں۔ یوں تو مذہبی فلسفے کا بیان خشک ہوتا ہے مگر معجز صاحب نے زبان و بیان کی ادبیت کے ساتھ اِس کو جاذب نظر بنادیا ہے۔ جابجا مسائلِ مذکورہ کی تشریح کے لیے نقشے بھی درج ہیں۔ مصنف نے ترجمے کے حصے کو نئے باب کی حیثیت سے شروع کیا ہے بلکہ اس کو ایک علاحدہ جز سمجھنا چاہیے کہ اس کے صفحات کی تقسیم نئے سرے سے کی گئی ہے جو ایک سو اناّسی صفحات پر پھیلا ہوا ہے۔ یہ اس پوری تصنیف کا مرکزی حصہ ہے کیونکہ گیتا کے اَدھیاؤں کا منظوم ترجمہ اسی حصے میں ہے۔ گیتا کی تعلیمات سے واقفیت، زبان، بیان پر قدرت اور شاعرانہ اظہار میں مہارت کی ایک نادر مثال ہے جو پڑھنے سے تعلق رکھتی ہے۔

کتاب کا تیسرا حصہ جسے گیتا کی ادبی تفسیر کہنا چاہیے، دو سرخیوں "بھگوت گیتا کا

دستور العمل" اور" بھگوت گیتا کی عظمت" پر مشتمل ہے۔ یہاں مصنف نے لوگوں کو گیتا کی تعلیمات کو قبول کرنے اور اس کے بتائے راستے کو اپنانے پر زور دیا ہے۔ کہتے ہیں:

"طالبانِ حق ذرا دلمیں سوچیں کہ حیاتِ انسانی کے کیا معنی ہیں۔ یہ جسم کہاں سے کیونکر اور کس لئے پیدا ہوا ہے اور اس کا عالمِ بیرونی سے کیا تعلق ہے۔ اور وہ کب تک رہ سکتا ہے اور اس کا انجام کیا ہو گا۔ دنیا میں انسان کی پیدائش اس واسطے نہیں ہوئی ہے کہ وہ مثل دیگر جانداروں کے اپنی نفسانی ضروریات پورا کرنے کی کوشش کرتا رہے اور اسی جدوجہد میں ساری عمر گذار کر قالبِ عنصری ترک کردے۔"(٦)

یہ اہم بات ہے کہ اِس موقعے پر دیناناتھ معجز اہلِ ہند کی سیکڑوں برس کی غفلت کا ذکر کرتے ہوئے افسوس ظاہر کرتے ہیں۔ لیکن اسی وقت خوش بھی ہوتے ہیں کہ بارے اب وہ غفلت کی نیند سے بیدار ہو رہے ہیں اور اپنے آبا و اجداد کی دولتِ موروثی کے حصول پر کمربستہ ہو رہے ہیں۔ سیاسی اعتبار سے ہندوستان کی دو قوموں ہندو و مسلم کے لیے یہ عبوری دور تھا اور آثار پتا دے رہے تھے کہ ایک کا اقبال غروب اور دوسرے کی ترقیوں اور کامیابیوں کا سورج طلوع ہو رہا ہے۔ گذشتہ آٹھ نَو صدیوں سے مسلم بادشاہوں اور امیروں کی حکمرانی رہی تھی اور اب انگریزوں کے واسطے اقتدار کی منتقلی کے آثار پیدا ہو چلے تھے۔

اہل ہنود کا فکر مند طبقہ اس موقعے کو غنیمت اور پچھلے زمانے کو دورِ غفلت و نکبت شمار کر رہا تھا، معجز لکھتے ہیں:

"اہلِ ہند آٹھ نو صدی سے ایسی غفلت کی نیند سوتے رہے ہیں کہ وہ اپنے آباو اجداد کے ان انمول جواہرات کو جو ان کا ترکہ تھے غیروں کی نذر کر کے خود محروم ہو چکے ہیں۔ مگر اب ان کے دلمیں آبائی ترکہ کھونے کا رنج اور اس کی تلاش کا شوق پیدا ہونے لگا ہے

اِس سے قیاس کیا جاتا ہے کہ ان کی بیداری کا وقت قریب آرہا ہے۔"(۷)

معجز دہلوی نے اس جگہ ان دشواریوں کا بھی ذکر کیا ہے جو اہل ہند (معجز صاحب کو اہلِ ہنود لکھنا چاہیے تھا) کو اپنے بزرگوں کے خیالات اور مذہبی اعتقادات کے حصول میں آرہی تھیں۔ اسی سلسلے میں چھٹی پریشانی کے طور پر انھوں نے ہندوؤں میں فرقہ بندی اور مسلکی تفرقے کی طرف بھی اشارہ کیا ہے۔

عنوان "بھگوت گیتا کی عظمت" کے تحت معجز نے گیتا کے مختصر روایتی پس منظر کے ساتھ اس کی دینی و دنیوی اہمیت بتلائی ہے۔ اخیر میں گیتا کی ادبی اہمیت کے حوالے سے کہتے ہیں:

"روحانی شاعری کی جس منزل پر یہ نادر صحیفہ پہنچا ہے وہاں موجودہ کتب میں سے کسی کی رسائی نہیں ہے۔ یہ بلاغت کی معیار ہے۔ اگر فصاحت کے اعتبار سے اس کی جانچ کیجائے تو کوئی تصنیف معلوم نہیں ہوتی جسمیں ایسے باریک اور اہم مسائل اتنی آسان مختصر اور سلیس زبان میں ظاہر ہوئے ہیں۔ یہ عجیب و دلکش خیالات کا ایسا مجموعہ ہے جسے ہر بار پڑھنے کے بعد ایک نئی بات معلوم ہوتی ہے اور باوجود بار بار پڑھنے کے طبیعت سیر نہیں ہوتی۔"(۸)

کتاب کے چوتھے اور آخری جز کا عنوان "اکابرینِ عالم کا اظہارِ عقیدت" ہے جس میں گیتا کے سلسلے میں بزرگ سماجی و ادبی شخصیات کو تبصرے اور رایوں کو شامل کیا گیا ہے۔ یہ رائیں اردو و انگریزی زبان میں درج ہیں اور ترجمے کی اہمیت و وقعت میں اضافہ کرتی ہیں۔

مثلاً رائے بہادر پنڈت شیو نرائن شمیم (Rai Bahadur Pandit Shiv Narain Shamim) ایڈوکیٹ چیف کورٹ پنجاب لاہور، ڈاکٹر تیج بہادر سپرو (Tej

Bahadur Sapru) ایڈوکیٹ ہائی کورٹ الہٰ آباد، پنڈت تربھون ناتھ (عرف کاٹھجو) ریونیو سکریٹری فرمانروائے جاورہ سنٹرل انڈیا۔ مذکرہ لوگوں کے علاوہ؛ پنڈت مدنموہن مالوی، لوکمانیہ بال گنگادھر تلک، سوامی وویکانند، مہاتما گاندھی، پروفیسر ریچرڈ گاردے و جناب مظفر حسین شمیم کے علاوہ مشہور فلسفی و شاعر ڈاکٹر سر محمد اقبال بیرسٹر ایٹ لا، لاہور کی رائے بھی کتاب کی زینت ہے۔ کتاب کے خاتمے پر پنڈت برج نرائن چکبست کا یہ مشہور شعر درج ہے:

چمن زارِ محبت میں اسی کی آبیاری ہے
کہ جس نے اپنی محنت ہی کو محنت کا ثمر جانا

گلزارِ معانی

یہ معجز دہلوی کی غزلیات کا مجموعہ ہے۔ اوپر پنڈت امرناتھ ساحر دہلوی کے تعلق سے معجز دہلوی کے فکروخیال کی بات آچکی ہے۔ یہ مجموعہ معجز صاحب کی شخصیت کے بارے میں انہی تاثرات کی تصدیق کرتا ہے، جو انھوں نے اپنے بھائی ساحر دہلوی کی بابت لکھے تھے۔ معجز کی اِن غزلیات کے مطالعے سے معلوم ہوتا ہے کہ شاعر کے فکر و فلسفے پر برتر ہستی سے تعلق اور روحانیت کی چھاپ ہے۔ یہ سچی بات ہے کہ یہ غزلیات حقیقت و طریقت کے باریک نکات کا ترجمہ و تفسیر ہیں۔ اور انسانی زندگی کے اندرون رواں دواں باطنی کائنات سے ایک بہترین خطاب ہیں۔ اِن غزلیات کی اشاعت اپریل ۱۹۳۴ء میں جامع پریس دہلی سے عمل میں آئی۔

مجموعے کے سرورق پر مندرجہ ذیل شعر ہے:

مدّتوں سینچا جسے اِک دیدۂ خونبار نے
آج گلزارِ معانی ہے وہ خارستانِ دل

پنڈت دیناناتھ مدن معجز دہلوی نے گیتا کے علوم و معرفت کو اردو شاعری کی شکل میں منتقل کیا تھا۔ وہ "پیامِ سالک" کے نام سے اشٹاوکر گیتا کا بھی ترجمہ و تفسیر اردو زبان میں کر چکے تھے۔ حق و معرفت کی تلاش اور انکارِ ذات کی تمام صورتیں ان کی زندگی پر پرچھائیں بن کر پڑ رہی تھیں۔ اِس سے بری نہ شاعری رہ سکی، نہ غزل۔ ان کی غزلوں پر بھی حقیقت و طریقت کا رنگ چڑھا اور انھیں ایک خاص رنگ میں رنگ دیا۔

"تمہید" کے نام سے جو غزل ہے، اس میں لکھتے ہیں:

خوشرنگ تخیّل ہے خوشبوئے وفا بھی ہے
تفریح کا ساماں یہ گلزارِ معانی ہے
اِخلاص کے رشتہ سے کچھ قافیہ بندی ہے
کچھ برگِ تصوّف پر مضمون نگاری ہے
ایثار کی شاخوں پر کچھ زمزمہ سنجی ہے
کچھ حسن کی گلریزی عاشق کی زبانی ہے
اعمال کی تربت پر کچھ مرثیہ خوانی ہے
جمعیّتِ خاطر کا کچھ رازِ نہانی ہے
کھلتا ہے کسی بیخود پر راز حقیقت کا
گو ہر کس و ناکس کو زعمِ ہمہ دانی ہے
خدمت دلِ مرشد کی ہے سعیِ رضاکاری
ثمرہ ہمہ آغوشی کا راحتِ جانی ہے
دلکش نہ ہو کیا معنیِ توحید کا افسانہ
معجز کی زباں میں گر اعجاز بیانی ہے (۹)

ایک اور غزل کے کچھ شعر اس طرح ہیں:

مری آسودگی کا راز افشا ہو نہیں سکتا
کہ تار و پودِ ہستی دامِ عنقا ہو نہیں سکتا

سرائے علم عرفاں میں یہ دل آرام پاتا ہے
من و تو کے فنا ہونے سے جھگڑا ہو نہیں سکتا

برے بھی بیٹھکر اچھّوں کی صحبت میں سدھرتے ہیں
سیہ خال اک رخِ روشن پہ دھبّہ ہو نہیں سکتا

لغاتِ عاشقاں میں لفظ ناممکن ہے بے معنی
بدولت عشق کے سب کچھ ہے اور کیا ہو نہیں سکتا

زبانی داخلہ کس منہہ سے تو کرتا ہے اے معجز
دمِ عیسیٰ سے گر کارِ مسیحا ہو نہیں سکتا (۱۰)

مذکورہ اشعار معجز دہلوی کی ایک غزل کے ہیں۔ اِن اشعار اور اوپر کے منتخب اشعار کا رنگ وہی رنگ ہے جو ان کی تمام غزلیات پر حاوی ہے۔ یہ معجز دہلوی کی ایک عمومی خصوصیت ہے کہ وہ معبودِ حقیقی اور مرشدِ روحانی کے ذکر کو ہاتھ سے جانے نہیں دیتے۔ میں یہاں نمونے کے طور پر ایک پوری غزل درج کرنا چاہتا ہوں جس سے ان کے فکر و خیال کے مرکزی نکتے کا اندازہ لگانا آسان ہو گا۔

یہ غزل ادبیت کے ساتھ روحانیت کی چاشنی لیے ہوئے ہے اور معجز دہلوی کے ذوق و ہنر کی گواہ ہے:

اے طائرِ خیال تری حد کہیں نہ ہو
بالائے آسماں نہ ہو زیرِ زمیں نہ ہو

عارف ہے وہ جو پاس میں اندوہگیں نہ ہو
آفات کے نزول پر چیں بر جبیں نہ ہو

چشمانِ معتبر ہوں دلِ رازدار ہو
جاری زبانِ حال سے ہاں ہو نہیں نہ ہو

جذبہ وہ ہے کہ جس سے گریبان چاک ہو
دامن فنا ہو جیب اڑے آستیں نہو

دارِ فنا میں آنے کا مقصد یہی تو ہے
انساں کو خوفِ مرگ دمِ واپسیں نہو

پھرتی ہیں چشمِ شوق میں باطل کی صورتیں
جب تک کسی کو وحدتِ حق دلنشیں نہو

بے لطف دیدہ ہیچ مذاقِ شنید ہے
علم الیقیں بدل کے جو عین الیقیں نہو

بیم و امید خاک میں ملتے نہیں کبھی
پندار سوز گر نفسِ آتشیں نہ ہو

بحری سفر کے واسطے درکار ہے جہاز
گو اس پہ دستکاریِ نقّاشِ چیں نہو

معجز تو سادہ لوحی سے لکھ ڈال ایک غزل
مضموں وہ ہو کہ جس پہ کوئی نکتہ چیں نہو (۱۱)

ایک غزل غالب کی زمین میں ہے اور خوب ہے۔ ایسا محسوس ہوتا ہے معجز نے غزل کے قلم سے حق شناسی و حقیقت شناسی کی تفسیر لکھ دی ہے، کہتے ہیں:

جلوہ گر آفاق میں برکاتِ یزداں ہو گئیں
عقلِ انساں بنگئیں اور نفسِ حیواں ہو گئیں
عشق کی تاثیر سے وہ حسنِ خوباں ہو گئیں
نور سے ملکر جمالِ ماہ تاباں ہو گئیں
سوز میں آکر فروغ شعلہ رویاں ہو گئیں
روشنیِ کرّہ مہرِ درخشاں ہو گئیں
جذبۂ الفت سے چشمِ اَشکِ گریاں ہو گئیں
قطرہ و دریا و بحر ساز و ساماں ہو گئیں
عنصری قالب میں پنہاں صورتِ جاں ہو گئیں
بوصفت رونق دہِ خاکِ گلستاں ہو گئیں
عاملانِ باصفا کے دل میں عرفاں ہو گئیں
زاہدانِ بے ریا کا دین و ایماں ہو گئیں
سنگِ اَسود بنگئیں وہ پیروِ اسلام کا
بت پرستوں کیلئے سیبِ زنخداں ہو گئیں
شوخیٔ رنگِ شفق سے بنگئیں امّیدِ صبح
سرخروئی کیلئے خونِ شہیداں ہو گئیں
رشتۂ الفت بنیں وہ طالب و مطلوب میں
دوستانِ باوفا کا عہد و پیماں ہو گئیں
عہدِ پیری میں فراست نوجوانوں کا شباب
دِل کے بہلانے کا ساماں بہرِ طفلاں ہو گئیں

تاکہ مخلوقات کو حاصل ہو لطفِ زندگی
جملہ محسوسات کے باطن میں پنہاں ہو گئیں
ایک عالم ان کی رعنائی کا منظر بن گیا
ساتھ ہی وہ ذرّہ ذرّہ میں نمایاں ہو گئیں
خود بخود معجز کے دل پر رازِ وحدت کھل گیا
جس گھڑی تکلیف و راحت دونوں یکساں ہو گئیں (۱۲)

خاتمۂ کتاب کے طور پر پنڈت امر ناتھ ساحر دہلوی کی غزل زیبِ کتاب ہے، جس میں کہتے ہیں:

ہے سر کے قلم ہونے سے خامہ کی روانی
اور شمع کی گلگیر سے ہے شعلہ زبانی
روشن ہے انا لحق سے کہیں راست بیانی
اور سر کو کہیں دوش پہ رہنے سے گرانی
اے طالبِ دیدار بہل ہوش میں آ دیکھ
توحید کے خورشید کی یہ نور فشانی
خضرِ رہِ ظلمت ہے ترا قلبِ مصفّا
دل ظلمت و جاں نورِ بقا دم حیوانی
کر ترکِ مجاز اور حقیقت میں سما جا
دراصل دم و شوق کی لذّات ہیں فانی
نیرنگ تخیّل سے نظر اپنی ہٹا کر
ہو جلوۂ اشراق میں محوِ ہمہ دانی

اِس عالمِ ایجاد میں تیرا دلِ مضطر
ہو جائے جو ساکن تو ملے راحتِ جانی
یہ نغمۂ توحید ہے اِک راحتِ جاوید
بیواسطۂ ظرف مکانی و زمانی
اِس رنگ تغزّل میں عجب لطف ہے ساحر
الفاظ کی قلّت میں ہے توفیرِ معانی (۱۳)

تعریف کے لیے الفاظ نہیں، بس یہی کہا جاسکتا ہے کہ ساحر کی غزل معجز کی مینائے معرفت پر ختام المسک کا کام کر رہی ہے۔

پَیام سالک

معجز دہلوی نے مہامنی اشٹاوکر کی گیتا کا "پیامِ سالک" کے نام سے اردو نظم میں ترجمہ کیا ہے اور تشریح بھی درج کی ہے۔ اس کی اشاعت ستمبر ۱۹۳۲ء میں عمل میں آئی۔ معجز پیام سالک سے قبل "مخزنِ اسرار" کا ترجمہ کر چکے تھے، لکھتے ہیں:

"شریمد بھگوت گیتا کے منظوم اردو ترجمہ المعروف مخزنِ اسرار کی تکمیل اور اشاعت کے بعد مؤلف ہیچمداں کے دل میں یہ خیال پیدا ہوا کہ وہ سالک گرامی قدر، وحید العصر مہامنی اشٹاوکر کی تصنیف کردہ گیتا کو اردو نظم کا لباس پہنائے اور شائقینِ علم توحید کو اس بزرگ ہستی کی نادر اور دلکش روحانی تعلیم سے حتی المقدور آگاہ کرے۔" (۱۴)

"پیامِ سالک" اشٹاوکر گیتا کا اردو نظم میں ایک قابلِ قدر ترجمہ ہے۔ یہ متبرک صحیفہ ۲۹۸ا اَشلوکوں پر مشتمل ہے۔ اس میں مہامنی اشٹاوکر جی نے راجہ جنک والئِ متھلا دیش (موجودہ اضلاع بہار) کو حق و حقیقت کے اسرار و رموز تلقین کیے ہیں اور نجات کی راہ

سجھائی ہے۔ یہ ترجمہ روحانی غرض و غایت کے ساتھ ساتھ ادبی اظہار و بیان کا بھی مظہر ہے۔ کسی مذہبی و روحانی تصنیف کے منظوم ترجمہ کے جو تقاضے ہیں، معجز ان سے نہ صرف واقف بلکہ عملی تجربہ بھی رکھتے تھے۔

"پیامِ سالک" کے دیباچے میں لکھتے ہیں:

"شریمد بھگوت گیتا کے منظوم اردو ترجمہ مخزنِ اسرار کی تکمیل اور اشاعت کے بعد مؤلف ہیچمداں کے دل میں یہ خیال پیدا ہوا کہ وہ سالکِ گرامی قدر وحید العصر مہامنی اشٹاوکر کی تصنیف کردہ گیتا کو اردو نظم کا لباس پہنائے اور شائقینِ علم توحید کو اس بزرگ ہستی کی نادر اور دلکش روحانی تعلیم سے حتی المقدور آگاہ کرے۔"(۱۵)

کتاب کی ابتدا میں یہ شعر درج ہے:

رنج و راحت کا تسلسل ہے بشر کی زندگی
بے تمنّائی و بیخوفی ہیں راہِ مخلصی

دیباچے میں مترجم نے راجہ جنک اور مہامنی اشٹاوکر کی قابلِ تعظیم ہستیوں کا تعارف کرایا ہے اور اِن دونوں بزرگوں کے واقعات کو تاریخی رنگ میں پیش کرنے کی کوشش کی ہے۔ اشٹاوکر گیتا کے اسرار و نکات سے واقفیت کے لیے اس بات کا جاننا ضروری ہے کہ اِن بیانات کی حامل شخصیت کا درجہ اور علمی و دینی مرتبہ کیا ہے۔ معجز منی اشٹاوکر کا تعارف کراتے ہوئے لکھتے ہیں:

"مہامنی اشٹاوکر کامل موحّد ہوے ہیں اس لئے کہ ان کی چشمِ بصیرت کے سامنے دوئی کا حجاب حائل نہ تھا۔ اور وہ حیاتِ ابدی کی جیتی جاگتی تصویر تھے۔"(۱۶)

معجز دہلوی کے ذریعے کیے گئے ترجموں؛ مخزنِ اسرار اور پیامِ سالک کے ترجمے کی لفظیات و اصطلاحات کے بارے میں ان کا یہ بیان نہایت اہم اور توجہ کے لائق ہے:

"موجودہ اردو زبان تصوف کے اصطلاحات کا سہارا لیے بغیر ایسے صحیفہ کے ترجمہ کا بار نہیں اٹھا سکتی تھی۔ اس لئے ان کا استعمال میں لانا ضروری ہوا۔ ساتھ ہی یہ خیال رکھا گیا ہے کہ ان کی مقدار ضرورت سے زائد نہ ہو تاکہ عبارت فصیح رہے اور مطالعہ کرنے والے مفہوم کو آسانی سے سمجھ سکیں۔" (۱۷)

معجز نے دیباچے میں اشٹاوکر گیتا کے گذشتہ ترجموں کا بھی ذکر کیا ہے۔ اس ذکر سے پتا چلتا ہے کہ اشٹاوکر گیتا کا پہلا ترجمہ فارسی نثر میں غالباً رائے چندر بھان نے کیا جو مغل شہزادہ داراشکوہ کا میر منشی تھا۔ معجز کے بیان سے یہ بھی معلوم ہوتا ہے کہ اشٹاوکر گیتا کا ایک ترجمہ رباعیات کی صورت بھی ہوا ہے جسے منشی بگّا سنگھ درویش جاٹ سکھ متوطن سووے کلاں ضلع لدھیانہ ۱۸۹۶ء میں کیا تھا۔

معجز زمانۂ قدیم میں رائج چھ فلسفوں کا ذکر کرتے ہیں جو چھ الگ الگ شخصیات سے منسوب تھے۔ اِن میں چھٹا فلسفہ ویدانت شاستر وید ویاس مہارشی کا ہے۔ یہ فلسفہ علم عرفاں کی وسیع النظری پر اعتماد کرکے واجب الوجود کی وحدت ثابت کرتا ہے۔ معجز کے مطابق اشٹاوکر منی کی تلقین اسی فلسفے کی فہرست میں آتی ہے۔ "اِس میں جو روحانی ترقی کی منازل بیان کی گئی ہیں وہ معرفت کے اصول پر مبنی ہیں۔ حواس دل اور عقل ان کی صداقت کا معیار نہیں ہیں۔"

معجز دہلوی نے اشٹاوکر گیتا کے ترجمے کو بیس ابواب میں تقسیم کیا ہے، اِس ترتیب کے ساتھ کہ پہلے سنسکرت اشلوک پھر اردو ترجمہ اور پھر اس کی شرح۔ ترجمے کے اختتام پر اشٹاوکر گیتا کے اصول کا خلاصہ درج کیا ہے، جس میں لکھتے ہیں:

"مہامنی اشٹاوکر عالم اور عامل ہونے کی حیثیت سے یکتائے روزگار تھے اسلئے ان کا فلسفہ اور عملی طریقت مساوی درجہ رکھتے ہیں ایک جامع اور مدلّل ہے تو دوسرا واضح اور

مکمّل۔ ساتھ ہی انکا جذبِ عشق ہر دو جانب اپنا رنگ یکساں دکھاتا ہے۔ وہ اپنی تصنیف کردہ گیتا میں تصوف کے جملہ مسائل پر کامل ترتیب کے ساتھ روشنی ڈالتے ہیں اور ایک مسئلہ کی تشریح ایک شعر میں کرتے ہیں تاکہ کوئی طالبِ صادق روحانی ترقی کے تمام مدارج بآسانی طے کرکے منزلِ توحید پر پہنچ سکے۔"(۱۸)

خلاصے کے ساتھ ہی معجز نے اشٹاوکر گیتا میں آمدہ مسائل و مباحث کی ایک فہرست بھی دی ہے جس سے پتا چلتا ہے کہ کسی اشلوک یا شعر میں تصوف کا کون سا مسئلہ یا نکتہ پوشیدہ ہے۔ اسی طرح سے بیسوں ابواب میں آنے والے نِکات درج کیے ہیں۔

کتاب کے آخر میں ایک "الوداعی غزل" لکھی ہے جو کتاب کا اختتام ہے۔ معجز کی یہ غزل بھی سابقہ روایات کے مطابق آداب طریقت و سلوک کے بمنزلہ ہے، غزل ہے:

نور میں واصل کسی مہجور کا دل ہو گیا
کوئی پروانہ نثارِ شمعِ محفل ہو گیا
اہلِ عرفاں کا جدھر آئینۂ دل ہو گیا
حسنِ عالمگیر کا جلوہ مقابل ہو گیا
حسنِ خود بیں عالمِ کثرت میں داخل ہو گیا
ذرّہ ذرّہ مہر کا مدِّ مقابل ہو گیا
التہابِ عشق سے جب پھٹ پڑا حسنِ ازل
پردۂ چشمِ حقیقت زعمِ باطل ہو گیا
امتیازِ حق و باطل تک رہی واماندگی
منزلِ جاناں کا رہبر جذبِ کامل ہو گیا
اضطرابِ شوق سے ملتی رہی دل کی خبر

دیکھکر شکلِ سکوں میں دل سے غافل ہو گیا
قطرۂ خوں دوڑتا تھا جو رگِ جاں میں کبھی
منجمد ہو کر وہی عشّاق کا دل ہو گیا
انتظارِ عید میں جو حسن تھا شکلِ ہلال
عشق کی نظّارگی سے ماہِ کامل ہو گیا
قشقہ و زنّار تھے تعویذِ رازِ سرمدی
وہ خطِ تقدیر یہ بندِ سلاسل ہو گیا
دانۂ دکھا کر ہی رہا اپنا اثر
فطرتِ انساں میں داخل زعمِ باطل ہو گیا
صحبتِ عشق و فنا میں واقفِ سوز و گداز
یہ دلِ ساکت مثالِ شمعِ محفل ہو گیا
چشم سے خوننابہ ہو کر بہہ گیا آبِ سرشک
کاسۂ دریا گھٹا اِتنا کہ ساحل ہو گیا
قلّتِ تخئیل سے اشعار کی نبضیں چھٹیں
تشنہ کامی کا زباں کو لطف حاصل ہو گیا
دیدۂ معجز میں عرفانِ جنوں کے فیض سے
یہ جہاں لیلائے جاں پرور کا محمل ہو گیا(۱۹)

حواشی و توضیحات

۱۔ معجز دہلوی، دیباچہ "دیوانِ ساحر"، ۱۹۳۷ء، امپیریل پرنٹنگ پریس، دھلی

۲۔ معجز، مخزنِ اسرار، صفحہ ۱۰۲، ۱۹۳۰ء

۳۔ عنوان "تنقید و تبصرہ از اخبارات"، صفحہ ۷، مخزنِ اسرار

۴۔ عنوان "فلسفہ بھگوت گیتا پر ایک نظر" صفحہ ۶، مخزنِ اسرار

۵۔ ایضاً، صفحہ ۱۱-۱۲

۶۔ عنوان "بھگوت گیتا کا دستور العمل"، صفحہ ا، مخزنِ اسرار

۷۔ دھیان رہے کہ "مخزنِ اسرار" کی تکمیل اور پہلی اشاعت تقریباً ۱۹۱۴ء میں عمل میں آئی۔ یہ زمانہ اس وقت کی مسلم دنیا کے لیے سیاسی آزمائش اور فکری پریشانی کا تھا۔ خلافتِ عثمانیہ جس سے مسلمانوں کا جذباتی لگاؤ تھا، اس کے خلاف کاروائی اور دشمنی میں وہی انگریزی آگے تھے، جو ہندوستان میں ان کی حکومتوں کے حریف اور ۱۸۵۷ء کے پس منظر میں ان کے کٹّر دشمن تھے۔ مختصر یہ کہ انگریزی حکومت سے تعلقات بنانے اور ان کے ساتھ کسی بھی اسٹیج پر کھڑے ہونے میں دیگر قوموں کی بہ نسبت مسلمانوں کو زیادہ دقت تھی۔ ادھر سیاسی پیش رفت اور محکوموں سے اچھے رشتوں کے اظہار کی خاطر انگریز فوری طور پر دیگر قوموں سے اتحاد و یگانگت اور موانست کے اظہار پر مجبور تھے۔

۸۔ عنوان "بھگوت گیتا کی عظمت" صفحہ ۳۰، مخزنِ اسرار

۹۔ پنڈت دینا ناتھ مدن معجز دہلوی، گلزارِ معانی، صفحہ ۲، جامع پریس دہلی، سنہ اشاعت ۱۹۳۴ء

۱۰۔ گلزارِ معانی، صفحہ ۳-۴

۱۱۔ گلزارِ معانی، صفحہ ۲۹-۳۰

۱۲۔ گلزارِ معانی، صفحہ ۲۶

۱۳۔ گلزارِ معانی، صفحہ ۴۷

۱۴۔ معجز دہلوی، دیباچہ "پیام سالک"، صفحہ ۲، سنہ اشاعت ۱۹۳۲ء

۱۵۔ معجز دہلوی، صفحہ ۲، دیباچہ "پیام سالک"

۱۶۔ دیباچہ "پیامِ سالک"، صفحہ ۵

۱۷۔ دیباچہ "پیامِ سالک"، صفحہ ۵

۱۸۔ پیامِ سالک، صفحہ ۱۴۲

۱۹۔ پیامِ سالک، صفحہ ۱۵۴

https://www.taemeernews.com/2021/07/deenanath-mojiz-dehlvi-bhagavad-gita-urdu-translator.html

***

پنڈت برج موہن دتاتریہ کیفی:
اردو کی ایک بے بدل شخصیت

ڈاکٹر داؤد اشرف

پنڈت برج موہن دتاتریہ کیفی کی شخصیت بہ حیثیت مجموعی ایک ایسی ہمہ گیر اور بلند قامت شخصیت ہے جو کسی بھی زبان و ادب اور اس کی تہذیب کا سرمایہ سمجھی جا سکتی ہے۔ خوش قسمتی سے یہ شخصیت اردو زبان اس کے ادب اور اس کی مشترکہ تہذیب کو میسر آئی۔

کیفی کا تعلق اس مردم خیز سرزمین سے ہے جسے جنت نشان کشمیر کہا جاتا ہے۔ یہاں کی خاک سے کتنے ہی جگمگاتے ہوئے لعل و جواہر برصغیر کو نصیب ہوئے جنہوں نے اس برصغیر کی سیاست اور تہذیب کو مالا مال کر دیا۔ اقبال اور چکبست کی طرح کیفی کے آبا و اجداد کا تعلق بھی کشمیر سے تھا۔

پنڈت کیفی کا شمار اردو کے ان گنے چنے محسنوں میں کیا جاتا ہے جنہوں نے نہ صرف علمی، ادبی اور تحقیقی کاوشوں ہی کے ذریعہ اردو زبان کی خدمت کی بلکہ اردو زبان کی اشاعت و فروغ میں عملی طور پر حصہ لیا۔ کیفی نے اردو زبان اور اردو تحریک کی جس لگن، خلوص اور خاموشی سے خدمت کی اس کی مثال ملنا مشکل ہے۔ اردو زبان اور تحریک سے

زندگی کے آخری لمحوں تک ان کی دل چسپیوں میں کوئی فرق نہیں آیا، اس زبان نے ان سے آخری وقت تک کسب فیض کیا۔

یوں تو ان کی ساری زندگی اردو زبان اور اردو تحریک کی خدمت سے عبارت ہے لیکن بالخصوص ملک کی تقسیم کے بعد اس میدان میں ان کی شخصیت بہت اہم اور نمایاں حیثیت حاصل کر گئی تھی۔ پنڈت جی کی شخصیت ہندو مسلم تہذیب کا خوبصورت امتزاج تھا۔ پچھلی صدی کے بہترین مگر مٹے ہوئے نقوش اور آثار ان کی شخصیت میں پوری طرح جلوہ گر نظر آتے تھے۔ اردو زبان و ادب کی خدمت اور ہندوؤں اور مسلمانوں میں باہمی اتحاد کو انہوں نے اپنی زندگی کا نصب العین بنا لیا تھا۔ کئی انقلابات گزر گئے اور زمانے نے کئی کروٹیں بدلیں۔ مگر ان کی ثابت قدمی میں کبھی فرق نہیں آیا۔ از ابتدا تا دم مرگ زندگی کے اعلیٰ اقدار اور اپنے نصب العین سے ایک سچے عاشق کی طرح پیار کرتے رہے اور کبھی ان کی چاہت میں کمی نہیں آئی۔

پتھر کی چھاتی چاہئے ہے میر عشق میں
جی جانتا ہے اس کا جو کوئی وفا کرے

اب ایسی وضعدار اور مخلص بزرگ ہستیاں کہاں جو تمام مصلحتوں سے دور اپنے عمل اور برتاؤ میں اٹل اور بے لاگ ہوں۔ یہی وجہ ہے کہ پنڈت کیفی اردو دنیا میں بڑی عزت اور قدر کی نگاہوں سے دیکھے جاتے ہیں۔

پنڈت دتاتریہ کیفی کے اجداد ۱۸ویں صدی کے آغاز کے بعد کشمیر سے دہلی منتقل ہو چکے تھے۔ یہ وہ دور تھا۔ جب معزز خاندانوں کے لئے فارسی دانی بڑی اہمیت رکھتی تھی۔ انہوں نے فارسی میں عبور حاصل کرنے کے لئے مکتب کی مروجہ تعلیم پر ہی اکتفا نہیں کیا بلکہ اپنے نانا سے بھی رجوع ہوئے جو اس زبان کے ایک جید فاضل سمجھے جاتے

تھے۔ ساتھ ہی ساتھ انہوں نے انگریزی تعلیم پر بھی پوری توجہ کی۔ انہیں چونکہ ہندی پر بھی عبور ہو گیا تھا اس لئے سنسکرت سے بھی اچھی خاصی واقفیت حاصل ہو گئی۔ اردو اور فارسی پر عبور نے انہیں عربی سے بھی اسی طرح آشنا کر دیا جس طرح کہ وہ سنسکرت سے آشنا تھے۔

رتن ناتھ سرشار، دیاشنکر نسیم، چکبست اور پریم چند کی طرح کیفی بھی اردو کی ان نمائندہ شخصیتوں میں سے ہیں جو اس زبان کی سیوا کرنے میں اس کے دوسرے فرزندوں سے کسی طرح کم نہیں ہیں۔ یہ وہ نمائندہ شخصیتیں ہیں جو یہ ثابت کرتی ہیں کہ اردو زبان کا تعلق کسی ایک مذہب، عقیدہ یا طبقہ سے نہیں بلکہ حقیقی معنی میں یہ ہندوستان کی قومی زبان ہے جو اپنے سیکولر کردار کی وجہ سے رابطہ کی زبان ہونے کے علاوہ مشترکہ تہذیب کی بھاشا بھی ہے۔

عمر دراز اس صورت میں یقیناً خوش نصیبی بن جاتی ہے جب کہ اس کا ایک ایک پل رائیگاں نہ جائے۔ کیفی کا گنج گراں مایہ عمر بھی محبت، دوستی، بھائی چارہ، نیکی، راستی، شرافت، وطن دوستی انسانیت دوستی کے اعلیٰ اقدار اور قابل قدر روایات کو پروان چڑھانے میں صرف ہوا۔

کیفی نے جب آنکھیں کھولیں تو ہندوستان کی تاریخ ایک کروٹ لے چکی تھی۔ اس وقت ساری دنیا تغیر اور تبدیلی کے فیصلہ کن مراحل سے گزر رہی تھی۔ تغیرات اس میں کوئی شک نہیں کہ ایک مسلسل عمل کی حیثیت رکھتے ہیں۔ لیکن ان میں ایسے بھی مرحلے آتے ہیں جب تغیرات ایک قطعی شکل حاصل کر لیتے ہیں۔

کیفی جب پیدا ہوئے تو ہندوستان میں شاہی ختم ہو چکی تھی۔ جنگ آزادی سنہ ۱۸۵۷ء کے ہنگاموں کا دور بھی گزر چکا تھا۔ ایک نئی تہذیب اور ایک نئی زندگی بر صغیر

میں کروٹ لے رہی تھی۔ انگریزی تعلیم کے ذریعہ ملک مغرب کی جدید تبدیلیوں، جدید فکر اور فلسفہ اور نئی معاشی اور سماجی تبدیلیوں سے آگاہ ہوتا جا رہا تھا، نئی صنعتی سرگرمیوں کا آغاز ہو چکا تھا اور شاہی جاگیر داری اور زمین داری کے دور سے نکل کر ملک ایک نئے صنعتی دور کی دہلیز پر کھڑا ہو چکا تھا۔

پنڈت جی نے بھی ان نئی تبدیلیوں اور نئے حالات کو دیکھا نئے تقاضوں کو محسوس کیا اور قدامت سے چمٹے رہنے کی بجائے جدید اور ترقی پذیر میلانات اور رجحانات کا خیر مقدم کیا۔ نئے علوم وفنون کی طرف راغب ہوئے انگریزی تعلیم حاصل کی۔ یہی وجہ ہے کہ ان کی شخصیت میں قدیم اور جدید کا ایک متوازن امتزاج ہونے لگا۔ بنگال، پنجاب، اور دہلی میں چلائی جانے والی تحریکات سے انہوں نے اپنے آپ کو وابستہ کیا۔ اردو کے ادیب، شاعر، محقق، عالم اور خدمت گزار کی حیثیت سے انہوں نے حالی اور سرسید سے گہرے اثرات قبول کئے اور اس کا اظہار صرف اپنی تخلیقات ہی میں نہیں بلکہ اپنی ساری شخصیت سوچنے اور سمجھنے کے انداز اور اپنے طرز زندگی میں بھرپور انداز میں کیا۔

اس کا ایک کھلا ثبوت پنڈت کیفی کا مسدس "بھارت درپن" ہے جو ١٩٠٥ء میں تصنیف کیا گیا۔ جس طرح حالی نے مسدس لکھ کر مسلمانوں کو جھنجھوڑنے اور خواب غفلت سے بیدار کرنے کی کوشش کی تھی بالکل اسی طرح پنڈت کیفی نے بھارت درپن میں ہندوستان کی عظمت اور عروج کے دور کی یاد دلاتے ہوئے اس دور کے زوال اور پستی کا نقشہ کھینچ کر ہندوستان کو قعر مذلت سے نکلنے اور ترقی کے راستہ پر آگے بڑھنے کے لئے اکسایا۔

پنڈت کیفی کو شعر و سخن کا ذوق ورثہ میں ملا تھا۔ انہوں نے کم عمری ہی سے شعر کہنا شروع کیا اور شاعری کی ابتدا رواج زمانہ کے مطابق غزل گوئی سے کی لیکن جدید رجحانات

اور تحریکات کے زیر اثر نیچرل شاعری کو اپنی توجہ کا مرکز بنایا۔ یوں تو پنڈت جی نے تقریباً ہر صنف سخن میں طبع آزمائی کی لیکن ان کی زیادہ تر توجہ غزل اور نظم کی جانب ہی رہی۔

ان کی غزلوں میں زبان و بیان کی چاشنی ملتی ہے۔ اس کے ساتھ ہی ساتھ محاورہ کا لطف اور تاثیر کی خصوصیت بھی پائی جاتی ہے اور دبستان دہلی کا انداز جگہ جگہ اپنے آپ کو آشکار کرتا ہے۔

ان کی نظمیں مناظر فطرت کی حسین عکاسی اور زبان و بیان کی دلکشی کی وجہ سے ممتاز ہیں۔ لیکن جو چیز خصوصیت کے ساتھ ان کے کلام میں نمایاں ہے وہ ان کی قادر الکلامی اور کہنہ مشقی ہے۔ قاری ان کی شاعری کی اس خصوصیت کا قائل ہوئے بغیر نہیں رہ سکتا۔

شاعری کے علاوہ ادب کے بعض دیگر اصناف مثلاً افسانہ، ناول، اور ڈرامہ پر بھی پنڈت کیفی نے توجہ کی ہے۔ لیکن در حقیقت لسانیات اور تحقیق ان کا خاص میدان ہے۔ ان موضوعات پر ان کی دو تصانیف منشورات، کیفیہ اور دیگر چند مضامین موجود ہیں۔

منشورات سنہ ۱۹۳۴ء میں شائع ہوئی۔ جس میں وہ ۱۲ علمی و ادبی لیکچر اور مضامین شامل ہیں جو سنہ ۱۹۱۰ء اور ۱۹۳۴ء کے دوران میں لکھے گئے۔ ان میں چند لکچر جامعہ عثمانیہ حیدرآباد۔ اردو سبھا لاہور، انجمن اردو لکھنو اور انجمن ارباب علم لاہور میں دیئے گئے تھے۔ ان خطبات اور مضامین میں ایک خاص قسم کا ربط موجود ہے اور وہ ہے اردو زبان سے پنڈت کیفی کی بے پناہ محبت اور اردو ادب کی ترقی اور فروغ کے لئے ان کے پر خلوص مشورے۔

اردو زبان اور ادب کی ترقی و توسیع میں قدما نے جو کارہائے نمایاں انجام دیئے تھے اور زبان کی تدوین و تزئین کے جو اصول وضع کئے تھے ان کا جائزہ لیتے ہوئے زبان و

ادب کی ترقی کی موجودہ رفتار پر پنڈت کیفی نے بڑی مایوسی کا اظہار کیا ہے۔ اردو زبان میں اس دور میں جو بے راہ روی پیدا ہو رہی تھی اس سے وہ بے حد خائف تھے۔ ان کے خطبات اور مضامین میں جگہ جگہ زبان کی غلطیوں کے بارے میں اشارے مثالیں اور عالمانہ بحثیں ملتی ہیں۔

وہ عربی و فارسی الفاظ اور تراکیب سے اردو کو مشکل اور ثقیل بنانے کے مخالف تھے۔ انہیں پروفیسر وحید الدین سلیم سے مکمل اتفاق تھا کہ اگر اردو کو ہندوستانی زبان بنانا منظور ہے تو اسے عربی ایرانی کی بجائے ہند المانی زبان بنایا جائے۔

علمی استطاعت میں ترقی کے ساتھ وہ زبان کی لطافت اور ترنم کو بھی اہمیت دیتے ہیں۔ الفاظ کے ذخیرہ میں اضافہ اور زبان کی اصلاح و ترمیم کو ضروری سمجھتے ہیں۔ لیکن ساتھ ہی ساتھ اس بات کو مد نظر رکھنے کی بھی تاکید کرتے ہیں کہ جو خوبیاں پہلے سے اردو میں موجود ہیں وہ کہیں زائل نہ ہو جائیں انہوں نے زبان کے نقائص ،عیوب اور کمزوریوں کی اصلاح اور مختلف دبستانوں میں تذکیر و تانیث و متروکات وغیرہ کے اختلافات کو دور کرنے اور ان کا حل تلاش کرنے کے لئے معقولیت، بالغ نظری اور فراخ دلی کو پیش نظر رکھنے کا مشورہ دیا۔ وہ ان مسائل کو حل کرنے پر زور دیتے ہوئے اردو والوں سے ماضی کی روشنی میں اعلیٰ اور معیاری کارنامے سر انجام دینے کی جانب توجہ دلاتے ہیں۔ متذکرہ بالا مسائل اور زبان اور ادب کی جانب بے توجہی کا عالم دیکھ کر انہیں یہ خوف لاحق تھا کہ کہیں یہ سست رفتاری اور غفلت جمود کی کیفیت نہ اختیار کرے اور اردو زبان آثار قدیمہ بن کر نہ رہ جائے۔

اردو زبان و ادب کے جن چند مسائل کا تذکرہ ان خطبات اور مضامین میں ملتا ہے وہ مسائل موجودہ مسائل سے یقیناً مختلف ہیں۔ مسائل کی تبدیلی، حالات کی تبدیلی کا منطقی

نتیجہ ہوتی ہے۔ لیکن یہ کتاب اس دور کے مسائل کا جائزہ لینے کے لئے بڑی اہمیت رکھتی ہے۔

پنڈت کیفی نے لسانیاتی موضوعات پر کئی مضامین قلمبند کئے تھے جو کیفیہ کے نام سے سنہ ۱۹۴۲ء میں کتابی شکل میں شائع ہوئے۔ جیسا کہ خود پنڈت کیفی کہتے ہیں۔ برسوں کی تحقیق، مطالعہ اور سوچ بچار کے نتیجے اس کتاب میں محفوظ کر دئے گئے ہیں۔ اس کتاب کو اردو لسانیات کے ابتدائی اہم کاموں میں شمار کیا جاتا ہے۔ پہلے باب میں اردو بان کی مختصر تاریخ کے تحت زبان کے آغاز و ارتقا کی کھوج لگانے کی کوشش کی گئی ہے۔ اس وقت اس میدان میں جو تحقیقی کام ہو چکا تھا اس سے استفادہ کرتے ہوئے اپنی ہمہ گیر معلومات کی روشنی میں پنڈت کیفی نے جو نتائج اخذ کئے ہیں ان سے آج اختلاف ممکن ہے کیونکہ پنڈت کیفی کی اس تصنیف کے بعد اس موضوع پر، سائنٹفک بنیادوں پر کافی تحقیقی کام ہو چکا ہے۔ اور چند نئے نظریات سامنے آئے ہیں۔ تاہم اس کا تذکرہ بھی ضروری ہے کہ پنڈت جی کے تمام ماخذ مستند اور معتبر ہیں اور موضوع سے ان کی واقفیت بہت گہری ہے۔ انہوں نے اپنی وسیع معلومات کی روشنی میں بات کی تہہ تک پہنچنے کی کوشش کی ہے۔

اس کتاب کے دوسرے ابواب میں زبان کے بنیادی عناصر کے بارے میں تمام بحثیں خالص علمی ہیں اور جو نکات بیان کئے گئے ہیں وہ بہت اہم اور پیش قیمت ہیں تحقیق صبر آزما اور محنت طلب کام ہے جس میں وسیع معلومات اور دقت نظری درکار ہے۔ پنڈت کیفی نے اپنی تصانیف اور تحریروں میں تحقیق کا پورا پورا حق ادا کیا ہے۔ علمی اور فنی رموز و نکات کو واضح اور سلیس انداز میں بیان کرنے پر انہیں قدرت حاصل ہے۔ آج جب کہ اردو لکھنے والوں کی تحریروں میں زبان کی غلطیاں عام ہیں اور صحت زبان سے

لاپروائی برتی جارہی ہے۔ اس کتاب کا مطالعہ بہت کار آمد اور مفید ثابت ہوگا۔

علم لسانیات، قواعد، محاورہ اور روز مرہ سے انہیں ابتدا ہی سے دلچسپی تھی۔ اردو میں انشا اللہ خاں کی تصنیف "دریائے لطافت" اس موضوع پر سب سے پہلی اور بڑی اہم کتاب ہے۔ اس کتاب کو مولوی عبدالحق نے مرتب کر کے طبع کروایا تھا۔ لیکن جب مولوی صاحب نے محسوس کیا کہ کتاب فارسی زبان میں ہونے کی وجہ سے پڑھنے والوں کا دائرہ محدود ہے تو انہوں نے طبع ثانی میں اس تصنیف کا اردو ترجمہ شائع کیا۔ ترجمہ پنڈت کیفی نے کیا جو بہت سلیس رواں اور با محاورہ ہے۔ اس کتاب میں کئی مفید حواشی بھی شامل ہیں جن سے قاری پر اہم نکات واضح ہو جاتے ہیں۔

عمر کے معاملے میں قدرت نے کیفی صاحب کو بڑی فیاضی سے نوازا تھا۔ تقریباً پون صدی تک علمی، ادبی، شعری تحقیقی غرض یہ کہ وہ اردو زبان سے متعلق ہر قسم کی تعمیری اور با مقصد سرگرمیوں اور تحریکوں ے وابستہ رہے۔

پنڈت کیفی کے انتقال پر ڈاکٹر زور نے ان کی شخصیت کو پر اثر الفاظ میں خراج عقیدت پیش کیا تھا، انہوں نے لکھا تھا کہ "ان کی وفات سے اردو دنیا ایک ایسے محسن سے محروم ہوگئی ہے۔ جس کا بدل ملنا ممکن نہیں ہے۔ اردو میں شاعر، ادیب، ماہر لسانیات اور عروض و قواعد کے جدا جدا ماہر پیدا ہوتے رہیں گے۔ لیکن شاید ہی کوئی ایسا پیدا ہو جو ان سب میں پنڈت کیفی کی طرح ایک خصوصی اہمیت کا مالک ہو۔"

کس قدر حیرت اور افسوس کی بات ہے کہ پنڈت کیفی کی قابل احترام شخصیت اور گراں قدر خدمات اور کارناموں کو اردو دنیا نے فراموش اور نظر انداز کر دیا ہے۔ حالانکہ پنڈت کیفی ماضی قریب کی چند اہم شخصیتوں میں سے ایک ہیں۔ ضرورت اس بات کی ہے کہ ان کی جگہ متعین کی جائے۔ اردو والوں کی اس بارے میں غفلت پنڈت کیفی کے ساتھ

نا انصافی تو ہے ہی لیکن اس کے ساتھ ہی ساتھ اس کو تاہی کے سبب اردو لسانیات اور تحقیق کے ارتقا کی کہانی بھی ادھوری رہ جائے گی۔

https://www.taemeernews.com/2022/06/pandit-brijmohan-datatriya-kaifi.html

※ ※ ※

ہندوستان کا گیان پیٹھ ایوارڈ اور اردو ایوارڈ یافتگان

محمد اسمٰعیل

ہندستان میں آزادی کے بعد حکومتی سطح پر دیے جانے والے جن اعزازات کا آغاز کیا گیا، ان میں "جوہرِ ہند" (بھارت رتن) کو اعلیٰ ترین سیویلین اعزاز کا موقف حاصل ہے۔ پدما ایوارڈس جن میں پدما بھوشن، پدما وبھوشن اور پدماشری شامل ہیں۔ فوجیوں کے لیے "پرم ویر چکر"، شوریا چکر، وغیرہ ہیں، جو ہر سال فوجیوں کی اعلیٰ کارکردگی پر دیے جاتے ہیں۔ ان کے علاوہ بچوں کی بہادری پر (Indian council for child welfare) کی جانب ہر سال یومِ اطفال کے موقع پر 'بریوری' ایوارڈ دیئے جاتے ہیں۔ کھیل کے میدان میں "راجیو گاندھی کھیل رتن ایوارڈ" کھیلوں کے تمام شعبوں میں سب سے بہتریں کھلاڑی کو دیا جاتا ہے۔ اس کے علاوہ مختلف کھلوں میں انفرادی کارناموں پر 'ارجن ایوارڈ' بھی دیا جاتا ہے۔ فلمی میدان میں 'داداصاحب پھالکے ایوارڈ' سب سے اعلیٰ اعزاز ہے۔ اور ادب کی دُنیا کا اعلیٰ ترین ایوارڈ "گیان پیٹھ ایوارڈ" ہے۔

"گیان پیٹھ ایوارڈ" حکومتِ ہند کی جانب سے دیئے جانے والا سب سے بڑا ادبی انعام ہے۔ یہ انعام ہندوستانی آئین کے آٹھویں شیڈیول کے تحت شامل کی گئیں بائیس

(۲۲)ہندوستانی زبانوں کے ساتھ انگریزی زبان کے کسی شاعر یا ادیب کو ہر سال دیا جاتا ہے۔ اس انعام کی بنیاد 'ٹائمس آف انڈیا' کے ناشر ساہو جین خاندان کے قائم کردہ 'بھارتیہ گیان ٹرسٹ' نے ۱۹۶۱ء میں رکھی تھی"۔

(حوالہ: انگریزی ویکی پیڈیا معلومات)

پس منظر:

ساہو جین نے ۱۹۶۱ء میں ایک منصوبہ بنایا۔ جس کا مقصد قومی شہرت یافتہ بین الاقوامی معیار رکھنے والی ہندوستانی و انگریزی زبانوں کی معیاری کتابوں کا انتخاب کیا جائے۔ اسی سال ماہ نومبر میں بانی صدر 'گیان پیٹھ 'ساہو جین نے کچھ ادبی ماہرین کو مدعو کیا تاکہ اس منصوبے کے مختلف پہلوؤں پر غور و فکر کیا جائے۔ جن میں کاکا کیلکر (دتّا بالکرشن کیلکر، مجاہد آزادی، صحافی، سماجی مصلح)، ہری ونش رائے بچن (ہندی شاعر) رام دھاری سنگھ دینکر (ہندی شاعر اور مضمون نگار)، جتندر کمار (ہندی ادیب) جگدیش چندر ماتھر (ہندی ڈرامہ نگار) وغیرہ دیگر ادبی ماہرین کی آرا سے ایک مسودہ صدر جمہوریہ "راجندر پرساد" کو پیش کیا گیا۔ اس منصوبے کی عمل آوری پر انہوں نے دلچسپی ظاہر کی تھی۔

اس منصوبہ کا اعلان "آل انڈیا گجراتی ساہتیہ پریشد" کے سالانہ اجلاس یعنی "بھارتیہ بھاشا پریشد" ۱۹۶۲ء میں بھی کیا گیا۔ ۲/ اپریل ۱۹۶۲ء کو مختلف زبانوں کے تقریباً تین سو (۳۰۰) مصنفین کو دہلی مدعو کیا گیا۔ یہاں "دھرم ویر بھارتی" (شاعر، ادیب، مدیر ہفت وار دھرم یگ) نے دو اجلاس منعقد کروا کے، ان کا مسودہ اور ایک خط صدر جمہوریہ کو پیش کیا۔

۱۶/ مارچ ۱۹۶۳ء کو صدر جمہوریہ کی صدارت میں پہلی سلیکشن کمیٹی کی میٹنگ طے پائی۔ اِس درمیان ۲۸/ فروری کو صدر جمہوریہ کا انتقال ہونے کے بعد صدارت کی ذمہ

داری 'کیلکر' اور 'سمپورنانند' (مدرس، سیاست داں و وزیرِ اعلیٰ اُترپردیش) نے نبھائی۔

پہلے انتخابی بورڈ کے ممبران میں 'کیلکر، نہار رنجن (مورخ)، کرن سنگھ، آر۔ آر۔ دیواکر (ادیب)، وی۔ رگھوون (سنسکرت اسکالر)، بی۔ گوپال ریڈی (اُترپردیش گورنر)، ڈاکٹر ہرکشن مہتاب (سیاست داں و وزیرِ اعلیٰ اُڑیسہ)، رام جین اور لکشمی چندر جین اور بورڈ کے صدر سمپورنانند تھے۔

پہلے انعام کا انتخاب ۱۹۲۱ء سے ۱۹۵۱ء کے درمیان شائع ہونے والی ادبی سرگرمیوں کے لحاظ سے کیا گیا۔ نو (۹) زبانوں کی الگ الگ کمیٹیاں بنائی گیئں جن کا کام نامزدگیوں کا ترجمہ انگریزی اور ہندی میں کرنا تھا۔ آخری راؤنڈ میں قاضی نذرالسلام (بنگالی)، ڈی۔ وی۔ گنداپّا (کنڑا)، وشوناتھن ستیانارائن (تیلگو) اور جی۔ شنکر کررپّا (ملیالم) کے درمیان مقابلہ آرائی تھی۔ ملیالم زبان کے شاعر، مضمون نگار، و ادبی نقاد، کررپّا کو سرسوتی کی مورتی اور ایک لاکھ روپے کا چیک دہلی کے وگیان بھون میں پہلے گیان پیٹھ ایوارڈ کی شکل میں تفویض کیا گیا۔

۱۹۶۵ء سے اب تک کل ۵۷ گیان پیٹھ ایوارڈ تقسیم کیے جا چکے ہیں جن میں سے اُردو زبان وادب کو چار اعزاز حاصل ہوئے ہیں جن کی تفصیل ذیل میں درج ہے۔

۱) پہلا گیان پیٹھ ایوارڈ ۱۹۶۹ء:

اردو زبان و ادب کا پہلا گیان پیٹھ ایوارڈ حاصل کرنے والے شاعر و نقاد "رگھوپتی سہائے فراق گورکھپوری" تھے۔ یہ ہندوستان کا اب تک کا پانچواں اور اُردو کا پہلا اعزاز تھا۔ فراق گورکھپوری جدید شاعری کے علمبردار اور تاثراتی تنقید کے بانی ہیں۔ فراق کا پورا نام رگھوپتی سہائے فراق گورکھپوری تھا۔ وہ ۲۸ / اگست ۱۸۹۶ء کو گورکھپور میں پیدا ہوئے۔ والد کا پیشہ وکالت تھا۔ ابتدائی تعلیم گورکھپور، اعلیٰ تعلیم الہ آباد میں مکمل کی۔

ڈپٹی کلکٹر کی ملازمت ٹھکرا کر تحریکِ آزادی میں شریک ہوئے جس کی پاداش میں جیل بھیجے گئے۔ جیل سے رہائی کے بعد کرسچن کالج لکھنو میں لکچرر ہوئے پھر انگریزی میں ایم۔ اے۔ کیا۔ الہ آباد یونیورسٹی میں اُستاد ہو گئے۔ فراق بہ حیثیت ممتاز شاعر، نظم، غزل، رباعی، اور قطعہ کے لیے اپنی منفرد شناخت کے حامل ہیں۔ روحِ کائنات، مشعل، روپ، شبستان، گُلِ رعنا اور گُلِ نغمہ ان کے شاہکار مجموعے ہیں۔ فراق کو مختلف اعزازات سے نوازا گیا۔ ۱۹۶۱ء ساہتیہ اکیڈمی ایوارڈ، ۱۹۶۸ء میں سویت لینڈ نہرو ایوارڈ، حکومتِ ہند نے انہیں پدم بھوشن خطاب سے سرفراز کیا۔ ۱۹۷۰ء میں وہ ساہتیہ اکیڈمی کے فیلو بنائے گئے۔ اور "گلِ نغمہ" کے لیے ان کو ادب کے سب سے بڑے اعزاز گیان پیٹھ ایوارڈ سے ۱۹۶۹ء میں نوازا گیا جو ہندوستان میں ادب کا نوبل انعام تصور کیا جاتا ہے۔ ۱۹۸۱ء میں انھیں غالب ایوارڈ بھی دیا گیا۔

۲) دوسرا گیان پیٹھ ۱۹۸۹ء:

اردو کا دوسرا گیان پیتھ ایوارڈ حاصل کرنی والی خاتون عینی آپا کے نام سے معروف اردو کی نامور ادیبہ، ناول نگار، اور افسانہ نگار، قرۃ العین حیدر کی پیدائش ۲۰ / جنوری ۱۹۲۶ء کو علی گڑھ اتر پردیش میں ہوئی۔ ان کے والد سیویل ملازم سجاد حیدر ریلدرم اور والدہ نذر سجاد حیدر دونوں ہی مشہور ناول نگار تھے۔ لکھنوٗ یونیورسٹی سے گریجویٹ قرۃ العین حیدر نے 'ڈیلی ٹیلی گراف 'لندن اور 'السٹریٹیڈ ویکلی آف انڈیا' میں کچھ عرصے تک صحافت کے فرائض انجام دیے۔

لیکن وہ اردو ادب میں اپنی مؤثر تحریروں کے لیے مشہور ہیں۔ ان کی پہلی کہانی "بی چوہیا" بچوں کے رسالے "پھول" میں شائع ہوئی تھی۔ اس وقت وہ صرف گیارہ سال کی تھیں۔ "پت جھڑ کی آواز" ان کی کہانیوں کا مجموعہ ہے۔ ان کے ناولوں میں "

میرے بھی صنم خانے" "آخری شب کے ہمسفر" "کار جہاں دراز ہے" (نیم سوانح عمری) "گردش رنگیں چمن" اور "چاندنی بیگم" شامل ہیں۔ لیکن ان کی زندگی کا بہترین ناول" آگ کا دریا" (۱۹۵۹ء) جس میں ہندوستان کے ڈھائی سو برس کی تاریخ سے گزرتے ہوئے آدمی کے درد کا تجزیہ کیا گیا ہے۔ یہ ناول چوتھی صدی سے شروع ہو کر ہندوستان کی آزادی اور پاکستان کی تشکیل تک پھیلا ہوا ہے۔ اس ناول میں مصنفہ نے دو قومی نظریے کو خارج کیا ہے۔

قرۃ العین حیدر نے اپنے ناولوں اور کہانیوں کے موضوعات، تاریخ، معاشرے اور بدلتی ہوئی انسانی اقدار سے مستعار لے کر ان میں اپنے تجربات، تجزیات اور تخیل کو سمویا ہے۔ وہ ساہتیہ کلا اکادمی سمیت کئی یادگار ثقافتی و ادبی تنظیموں کی رکن، سینٹرل فلم سینسر بورڈ، حکومتِ ہند اکی چیئرمین، کی مشیر اور انجمن ترقی اردو کی ایگزیکٹیو کمیٹی کی رکن رہیں۔ وہ ترقی اردو بیورو میں بھی رکن کی حیثیت سے شامل تھیں۔ قرۃ العین حیدر علی گڑھ مسلم یونیورسٹی اور جامعہ اسلامیہ کے شعبے اردو میں وزیٹنگ پروفیسر رہی ہیں۔ وہ جامعہ اسلامیہ کے خان عبدالغفار خان چیر کی پروفیسر امیر ریٹس بھی تھی۔ انہوں نے شکاگو کے کیلیفورنیا ٹیکساس اور اریزونا سمیت کئی یونیورسٹی میں لیکچر دیئے۔ اور ریگا، لیٹویا اور پشکن فیسٹول (روس) میں منعقدہ مصنفین کی کانفرنس میں ہندوستان کی نمائندگی کی۔

قرۃ العین حیدر کو ۱۹۶۷ء میں "پت جھڑ کی آواز" کیلیے ساہتیہ اکادمی ایوارڈ سے نوازا گیا۔ اس کے علاوہ ان کی ان کو ۱۹۶۹ء میں سوویت لینڈ نہرو ایوارڈ، ۱۹۸۵ء میں غالب ایوارڈ، ۱۹۸۹ء میں "آخری شب کے ہمسفر" کے لیے گیان پیٹھ ایوارڈ، ۱۹۸۴ء میں پدم شری اور ۲۰۰۵ء میں پدم بھوشن سے بھی نوازا گیا۔ جامعہ ملیہ اسلامیہ نے ۲۰۰۷ء میں ان کو ڈاکٹریٹ کی اعزازی ڈگری بھی تفویض کی۔ قرۃ العین حیدر کا انتقال ۲۱ / اگست

۲۰۰۷ء کو نوئیڈا اتر پردیش میں ہو۔ ان کی آخری آرام گاہ جامعہ اسلامیہ کے قبرستان میں ہے۔ ۳۔

(جشنِ آزادی از مہر فاطمہ حسین، ص ۱۰۸)

۳) تیسرا گیان پیٹھ ایوارڈ ۱۹۹۷ء:

مشہور شاعر، افسانہ نگار، مجاہد آزادی اور مارکسی نظریات کے زبردست حامی اور سرگرمی کارکن علی سردار جعفری کا جنم ۲۹/ نومبر ۱۹۱۳ء کو اُتر پردیش کے بلرام پور، گونڈا میں ہوا تھا۔ ان کے والد کا نام جعفر طیار اور والدہ کا نام زاہدہ خاتون تھا۔ سردار جعفری نے علیگڑھ، دہلی اور لکھنؤ یونیورسٹی سے تعلیم حاصل کی۔ انہوں نے جدوجہد آزادی میں سرگرم کردار ادا کیا۔ اور ۱۹۳۶ء میں انجمنِ ترقی پسند مصنفین قائم کی۔ وہ کیمونسٹ پارٹی آف انڈیا کے سرگرم رکن تھے۔

علی سردار جعفری نے اپنی تخلیقات کے ذریعے حُب الوطنی، امن، بھائی چارے اور محبت کا پیغام عام کیا۔ انہوں نے پرولتاریوں، محروم اور کمزور طبقہ کی حمایت میں بھی آواز بلند کی۔ وہ دنیائے اردو ادب میں ۱۹۳۸ء میں اپنے افسانوی مجموعے "منزل" کے ذریعے داخل ہوئے۔ لیکن انہوں نے اپنی تلخ نظموں سے اردو ادب کو مالامال کیا۔ ان کی نظموں کا پہلا مجموعہ "پرواز" ۱۹۴۳ء میں اور دوسرا مجموعہ "نئی دنیا کو سلام" ۱۹۴۸ء میں شائع ہو۔ ان کی تخلیقات کے دیگر مجموعے ہیں، خون کی لکیر ۱۹۵۰ء امن کا ستار، ہ پتھر کی دیوار، ایک خواب، اور پیراہن شرر، اور لہو پکارتا ہے، پیغمبر سخن ۱۹۷۰ء میں انہوں نے کبیر، میر تقی میر اور مرزا غالب کا تقابلی مطالعہ پیش کیا۔ ہندوستان و پاکستان کے درمیان ۱۹۶۵ء کی لڑائی سے بے حد خفا سردار جعفری نے "کون دشمن" نظم لکھی اور دونوں ممالک کے درمیان مشترکہ تہذیب کا خاکہ کھینچتے ہوئے امن اور دوستی کی ضرورت پر زور

دیا۔ "اجودھیا" نامی نظم میں انہوں نے بابری مسجد کے انہدام پر افسوس ظاہر کیا۔ اور اس کو سیکولر اقدار پر زبردست حملہ قرار دیا۔

وزیر اعظم اٹل بہاری واجپائی ۱۹۹۰ء میں جب لاہور (پاکستان) کے سفر پر گئے تو انہوں نے پاکستانی وزیر اعظم نواز شریف کو علی سردار جعفری کی تحریر کردہ اور سیما سہگل کی صدا بند جنگ مخالف نظمیں پیش کی تھی۔ علی سردار جعفری نے ٹی وی سیریل کہکشاں بھی بنایا تھا۔ جو حسرت جے پوری، جوش ملیح آبادی اور فراق گورکھپوری وغیرہ اردو کے ساتھ شعراء کی زندگی اور تخلیقات پر مبنی تھا۔ انہوں نے کبیر اور علامہ اقبال پر تیار دستاویزی فلموں کی کہانیاں بھی لکھیں۔

علی سردار جعفری کو ۱۹۶۵ء میں سوویت لینڈ نہرو ایوارڈ، ۱۹۶۷ء میں پدم شری، ۱۹۷۸ء میں پاکستان کے اقبال گولڈ میڈل، ۱۹۹۷ء میں گیان پیٹھ ایوارڈ اور ۱۹۹۹ء ہائر ورڈ یونیورسٹی (امریکہ) کے بین الاقوامی امن ایوارڈ سے نوازا گیا۔ علی گڑھ مسلم یونیورسٹی نیو نے ۱۹۸۶ء میں ڈاکٹریٹ کی اعزازی ڈگری عطا کی۔ یکم اگست ۲۰۰۰ء کو اردو ادب کا روشن ستارہ اپنے خالق حقیقی سے جاملا۔

(جشنِ آزادی از مہر فاطمہ حسین، ص۹۶)

۴) چوتھا گیان پیٹھ ایوارڈ:

اخلاق محمد خان شہریار (۱۶/جون ۱۹۳۶ء تا ۱۳/فروری ۲۰۱۲ء) ۱۶/جون ۱۹۳۶ء انولا اتر پردیش میں ایک مسلم راجپوت خاندان میں پیدا ہوئے ان کے والد ابو محمد خان ایک پولیس افسر تھے۔ شہریار ایتھلیٹ بننا چاہتے تھے تاہم والد پولیس کی ملازمت میں شامل کروانا چاہتے تھے تب ہی وہ خلیل الرحمٰن کی رہنمائی میں گھر سے بھاگ گئے۔ فکر معاش کی تکمیل کے لئے وہ علی گڑھ مسلم یونیورسٹی میں اردو فکشن پڑھانے لگے جہاں

انھوں نے بعد میں پی۔ایچ۔ڈی مکمل کی۔ شہریار نے اپنی پیشہ وارانہ زندگی کا آغاز "انجمن ترقیِ اردو" کے ادبی معاون کی حیثیت سے کیا۔ اس کے بعد علی گڑھ مسلم یونیورسٹی میں اردو کے لیکچرر ۱۹۸۶ء میں وہ پروفیسر اور پھر ۱۹۹۶ء میں وہ شعبہ اردو کے صدر نشین کے طور پر مستعفی ہوئے۔ شہریار کا پہلا مجموعہ کلام "اسمِ اعظم" ۱۹۶۵ء دوسرا "ساتواں در" ۱۹۶۹ء تیسرا "سحر کے موسم" ۱۹۷۸ء اور ان کا شاہکار "خواب کے در بند ہیں "۱۹۷۸ء میں شائع ہوا۔ جسے ساہیتہ اکادمی اعزاز حاصل ہوا۔ شہریار کے کلام "خواب کے در بند ہیں" کا انگریزی ترجمہ " THE GATWAY TO DREAM IS CLOSE " کے عنوان سے ۱۹۹۲ء میں شائع ہوا۔ ان کی بیشتر نظموں کے ترجمے فرانسسی، روسی اور جرمن زنانوں میں کیے گئے ہیں۔ شہریار نے چند فلموں کے لیے نغمے بھی لکھئے ان میں فلم "امراؤجان ادا" لے لیے لکھے گئے نغمے بالی ووڈ کے بہتریں نغمے مانے جاتے ہیں۔

https://www.taemeernews.com/2023/02/india-jnanpith-award-urdu.html

***

منتخب مفید و معلوماتی مضامین کا ایک اور مجموعہ

ہندوستان: تہذیب و ثقافت

(حصہ اول)

مرتبہ: مکرم نیاز

بین الاقوامی ایڈیشن منظر عام پر آ چکا ہے